沖縄から提唱する

世界連邦政府

比嘉厚夫

ボーダーインク

目次

はじめに

那覇市の中心部にあるハーバービュー・ホテルで、私の著書『世界統合論』の出版祝賀会が予定されていた紀元二〇〇一年九月一二日の朝のことでした。テレビのスイッチを入れると突然、航空機二機がニューヨークの世界貿易センタービル二棟に次々と突っ込む映像が映し出され、目を奪われました。夕方六時からの祝賀会まで、そのニュースは繰り返し流されました。現地の日付は、「九・一一」。

二棟のビルが黒煙を噴き上げながら崩れ落ちるさまは、まるでドラマかと見紛うような劇的な光景で、茫然とするよりほかありませんでした。続いてテレビからの情報では、「テロリストが民間旅客機を乗っ取り、ニューヨークとワシントンで、アメリカ合衆国の中枢部への同時テロ攻撃を目論んだらしい」とのことで、更に驚くとともに悲憤慷慨の念が湧きおこりました。その日はこの世界を揺るがす突然の霹靂に加えて天候も荒れて時化となり、私には栄えある日であった筈が、著書の行く先が案ぜられ、心おだやかでは居られなかったことが昨日のように思い出されます。

それでも祝賀会は盛会で、この書籍の序文として「著者の紹介」を寄稿して下さった瀬名波榮喜先生(現・名桜大学学長)始め、多くの方々においで頂きました。紹介文中で、瀬名波先生はカントの「運命という本には人の期待とは違って書かれていました」という言葉を引用し、これがぴったりあてはまるとして私の人生の予期せぬ数々のドラマを語り、「政治学専攻の学生や研究者のみならず、政界、法曹界、宗教界、その他一般の人々にもぜひ読んでもらうよう本書を推薦したい」と締めくくられました。また、国際ロータリー第二五八〇地区パスト・ガバナーの松島寛容氏から賜った祝辞では、「この本を二回読んだが、とてもすばらしく感銘した。国際ロータリーが六カ国八大学で構成する「青少年平和育成機関」のテキストブックに推薦したい」とお褒め頂き、いささか心強くなりました。

しかし果たせるかな、その後のブッシュ政権は「テロリストとの戦い」を単独で宣言し、続いて援軍を派遣した同盟国と共に、ひたすらテロ掃討に突進したのです。二十一世紀は平和実現の世紀とばかりに期待していましたが、世界をリードする米国ではやがて新保守主義(ネオコン)が再起して、「自由」「人権」と「武力制圧」を唱えるレジオ・ポリティックスが濃厚となり、世界各国も軍備増強に傾いて、世界恒久平和への気運は、遠くへ去ったかのように思われたのです。

やがてブッシュ政権の八年間は過ぎ去り、オバマ政権となった米国は〝We can change the world〟を宣言し、戦争よりも平和を重んじる外交によって世界を変えると訴え、これまで米国が避けてきた核抑止条約(CTBT)に取り組み、地球温暖化防止でも京都議定書の批准・承認へ向けて手続きを開始しました。さらにロシアとの核拡散防止条約(NPT)の調印をするなど、各国との平和親善交渉に積極的に取り組むようになりました。

そして、世界の人々を感動させたオバマ大統領は、就任早々ながら「世界平和に希望を与えた」としてノーベル賞を授与されました。このことは、この地球上で如何に平和が渇望されているかを物語っており、我々人類は世界の恒久平和実現のための、この大きな変化を見逃してはなりません。この平和志向のオバマ大統領の「チェンジ」を我々は「世界変革の機」と捉え、世界連邦政府創設運動の組織をこの沖縄から立ち上げて日本全国に及ぼし、さらには世界の国々や地域の世論をも大いに喚起する必要があると思います。

かつて第一次世界大戦後に、世界列強の政治的エリートたちは世界平和を希求して国際連盟を結成しました。第二次世界大戦後には国際連合が誕生しましたが、国連の創設当初に国際ロータリーは人材の派遣や財政面において国連を支援した輝かしい歴史を誇っています。当時はすでにロータリークラブは世界各国で様々な活動で社会奉仕の実績をあげていました。国際ロータリーの活動も百年をすでに超えた今日、世界最大のNGOとして地球環境問題や食糧問題などとともに、国連の支援を通じて未来の「世界連邦創設」という世界平和のための国際奉仕活動を一斉に始めることを提案したいと思います。

これから三〇年をめどに、先ずは地球環境危機の問題、世界統合に対する将来の政治的エリートの意思と能力を培う新世代育成問題、さらに宗教と科学の問題など、様々な問題を取り上げて吟味検討し、世界統合に対する国際センサスを国際社会に提案したいと思います。そして遂には国連をして一六四八年のウェストファリア条約以来のステイトシステムを改定して「世界連邦憲法」の制定を促し、自国利益中心主義に固まっている世界の国々が新たに「世界連邦」に統合されることを望みます。

ニューヨークの国連本部はたとえば「世界連邦議会」と改め、ヨーロッパに置かれている国際刑事裁判所は「世界連邦裁判所」へと発展させるのが良いでしょう。これに続けて「世界連邦政府」はアジアに創設し、既存の国連専門機関はその下位組織として位置付けます。これが、世界から戦争をなくし、地球の危機を救い、真の世界恒久平和をこの地球上に招来させるための見取り図です。

さて、世界情勢は東西の冷戦解消から約二十年が経過したものの、南北問題は依然混沌として、最近のCOP15（国連気候変動枠組み条約第15回締約国会議）およびCOP16での環境問題の議論は成果を上げることができませんでした。また、BRICsと呼ばれている国々はその著しい発展のゆえにこれまでの世界秩序のバランスを乱しかねないと危惧されています。

さらに、イランの核開発の問題、イスラエルとパレスチナの闘争、イラクに続いてアフガニスタンやパキスタンでのテロ掃討作戦に内戦や宗教紛争等が混在して、中東はまさに戦乱の坩堝と化しました。最近では、チュニジアに端を発した独裁政治に対する民主化運動は燎原の火のごとく広く北アフリカを席巻しています。

わが極東に目を転じると、中国の発展に伴うその破格のスピードでの軍備増強は、台湾海峡の緊張に続いて尖閣列島の領有問題などを沸騰させ、また朝鮮戦争以来の韓半島での南北対峙や北朝鮮の核実験やミサイル発射による威嚇戦略など、国家エゴとも言える不穏な情勢が続いています。一方、平和憲法を捧持している日本国は、日米同盟によってこれら不測の情勢に対処していると言われていますが、沖縄の基地問題は、解決どころか一層深刻化しており、「未来は不透明」と言うほかありません。

沖縄は一九七二年に日本復帰を果たしたにも拘らず、第二次大戦以来一貫して米国の世界戦略における前方展開の主要基地として組み込まれ、戦争反対、基地反対を唱えても積年の軍事脅威の呪縛から離脱することができず、かえってSACO合意による普天間飛行場の辺野古沿岸への移設という、新たな苦渋の負担を強いられることになりました。そして二〇〇九年の政権交代後も、新たな県外移設先が模索されたものの、暗中模索の後、元のもくあみとなった上、さらに五里霧中となり、沖縄県民がいだく軍事脅威と基地の不安は募るばかりであります。

世界から核兵器を無くし、世界平和への変革を主張したオバマ大統領といえども、「必要な戦争は止むを得ない」と、戦争を肯定しています。それは米国の世界戦略であるQDR(四年に一度の国防計画見直し)に明らかであると思われます。しかし、平和へのいかなる変革や活動も、国家のエゴを超えた大いなる目標、即ち「世界統合」という平和の理想を掲げ、それを達成すべくその目標に向かって一歩一歩近づくさまざまな政策や運動の実践があってこそ、達成できるものと思います。

世界連邦政府設立運動は、第二次世界大戦の直後に第三次大戦の勃発を恐れた欧州を舞台にいち早く展開されました。その後「まずはヨーロッパの統合を」と当面の目的が変更され、ECの創設へと結びつき、さらに今日のEUの誕生を見たのです。従ってEUはこの機を生かして初期の目的を達成すべく、他の国々に率先して世界統合運動を再開されんことを期待しています。そして欧州と共に世界統合運動に参加した米国や日本などにおけるかつての運動組織も、こぞって運動の復活を図られんことを要望します。

国連やその専門機関などのたゆまざる努力によって、国境を越えた各分野におけるさまざまな平和組織が加わり、国際社会の相互扶助も深化し、経済活動や文化活動の国際化も活発となり、インターネットの急激な普及などもあって、各国の国民間のコミュニケイションも広く浸透して、今や世界統合の機運は一段と進展し熟しきっています。二十一世紀の政治的エリートたちがその意思と能力をもって、地球と人類社会の危機を救うため、世界各国による連邦、即ち世界連邦の樹立に早急に取り組まれることを祈っています。

本書は前述の書籍『世界統合論』の改訂版として初版の文意を損なうことなく、より理解しやすく、多くの方々に親しんでいただけるように工夫し、内容を短縮するとともに、その後の世界の動向を反映させて加筆し、書名・体裁等を刷新したものです。編集に際しては那覇南ロータリークラブのパスト会長稲垣純一氏の全面的なご協力と有限会社ボーダーインクのご支援を得ました。この場を借りて感謝申し上げます。

最後に改めて、アジアの安全保障と平和運動の要である沖縄から、今後展開される世界連邦の設立運動に多くの方々が参加され、その運動を全国に及ぼし、さらには世界の国々や地域へと力強く訴えることを期待いたします。世界連邦の実現こそ、沖縄が積年の軍事的脅威や基地に起因する不安から離脱する唯一の方法であり、古琉球の「万国津梁」や日本国のかつての「八紘一宇」の精神に相通ずるものであり、世界の国々から戦争をなくし、地球の危機を救えるものと思います。その日の一日も早からんことを願って已みません。

二〇一一年七月

沖縄県那覇市泉崎の自宅にて　比嘉厚夫

『世界統合論』(初版)の「発刊のことば」

比嘉厚夫

定年後のある日のこと、嘉手納米軍飛行場を過ぎてヤンバルへ行く途中、海岸で訓練中の数台の水陸両用戦車(隊)にはじめて出会い、かつて著者が軍隊で学んだ水際作戦を思い出してしばらく見とれていた。沖縄に住んでいると、米軍の基地強化や軍備拡張など戦争にかかわることが、なんとなく肌で分かる。戦争はもうご免だ、戦争はつまらないと愚痴をこぼしてもどうすることもできない。無性に腹が立つけれど、東西対峙(当時)の狭間にあって忍従も止むを得まい。でも、そろそろ戦争から脱却する方法を講ぜられないものだろうか。著者は、その頃そのことが気になって、悠々自適の生活を返上して何かライフワークになるようなものをと思っていたが、この世から戦争を無くするには時期尚早とか、ユートピア的発想との意見もあって悩んでいた。

ところが、渡りに船とでも例えようか、琉球大学に大学院法学研究科が設置された。急がば廻れで、先ずは院生になって研究することだと思い、先輩や同僚に伺ってみると「後生に学問は持っていけない、定年で年金が貰えるのだから無理することもあるまい」と笑う方もいたが、「それは素晴らしいことだ、生涯教育というではないか、好きな学問を学べるだけで最高だよ、後輩の刺激にもなる」などと進学をすすめてくれる意見が多かった。何とか大学院に合格し、戦争廃止の方法を模索しているうちに、世界統合に関心を抱くようになり、修士論文のテーマを早々に決めたが、統合は政治的エリートの意思と能力によるものとの結論に到達したのである。しかし、世界を統合しようとする意思と能力を、現在の各国の首脳が持ち合わせているはずがない。そこで、これら政治的エリートの意思と能力を世界統合の意思と能力へと培うには新しい世界的宗教による人生観、世界観の変革に期待するよりほかに方法はないものと気づいたのである。そして、大学院修了後十年の間資料収集しながら主として宗教の研究を続けたのである。

学者、特に科学者は、宗教の中でも精神世界や霊界についてはタブー視しており、著者が独断で書いても通用しなくては困るので、大学院研究生に戻ることにした。江上教授は宗教のことについて「私を納得させ得たら合格だ」といわれ、指導に当ってては主観的なものを削除し、客観性のある論述を念頭に置かれた。また著者は、魂や霊界の存在については、心霊学者や高級霊能者をはじめ多くの先輩学者らが、心血を注いで永く研究し体験された労作を尊重し、その文中から著者が感銘した「くだり」をできるだけ忠実にそのまま引用し活用した。お許し願いたい。

一〇年の間資料を収集しているうちに、ソ連邦が崩壊し湾岸戦争も勃発して国際情勢は大きく変化した。また、歯止めのきかない科学や科学技術の異常な発達により、生態系の破壊や環境汚染がクローズアップされて、戦争よりもさらに恐ろしい地球の危機が叫ばれるようになっても、各国のエゴにはばまれて、国連はその機能を十分に発揮できず、その対応策に窮している。そこで、戦争廃絶に重点を置いてきた著者の修論「世界統合に関する一考察」から地球の危機を救う「世界統合論」へと内容を拡大し修正した。このようにとてつもなく大きな地球上の問題を浅学非才の著者が論述することは、顧みていささか忸怩たる思いもあるが、失速状態にあるといわれている世界統合理論を活気づけるための頂門の一針となり得るならば幸いである。修論(第一部)をまとめるにあたってご指導いただいた琉球大学(当時)の島袋邦先生、増田弘先生そして修論とともに第二部、第三部をもご指導いただいた江上能義先生のお三方の懇切丁寧なご教授に対し、心から感謝に堪えない。また、発刊にあたっては、幸いにも㈱文芸社の協力出版の栄を賜り、心から厚く御礼を申し上げる。

顧みれば、大浦湾沿岸過疎化防止の橋頭堡にしようと思ってレキオリゾートホテルを誘致したが、バブル政策の直撃をくらい、あえなく破綻。日本舞踊岩井寿芳教習所三五周年記念公演の直後に体調を崩した妻(岩井寿芳)の看護をしながらの資料収集、そして、つづく四〇周年記念公演も断行しながらの論文の研究は、まるでいばらの道を歩んでいるようでもあった。しかし、これからの余生を、二〇年をめどに、世界連邦政府建設運動に挺身したいと思う。文章が多少硬くて一般の方にはわかりにくく読みづらいところもあろうかと思われるが、なんとか読んでいただくうちに、自ずとご理解できるものと思う。何とぞ、職業や方法のいかんを問わず、この運動にご参加ご協力ご支援あらんことを謹んで要望するとともに、世界連邦政府の建設が一日も早く実現して、地球上から戦争をなくし、地球の危機を救い、真の恒久平和がこの地球上に将来されんことを心から祈っている。

二〇〇一年二月

序論

一　冷たい戦争

沖縄は、第二次大戦において、県民を巻き込んでの激戦の後、米軍の占領するところとなり、引き続き米国の統治下におかれた。県民は、茫然自失の暗黒時代から漸く立ち直って、この沖縄戦で焦土と化した郷土の復旧作業に励んだが、間もなく、朝鮮戦争、続いてベトナム戦争が勃発した。いずれの戦争においても、米国統治下の沖縄は、冷戦下の前方展開の第一線基地として、戦略上きわめて重要な役割を課され、県民は常に戦争の危険にさらされていた。しかし米国の敵国による報復的な戦災を被ることもなく、基地不安と基地被害だけで済んだことは、せめてもの幸いであった。

ベトナム戦争後も地域的な戦争が世界各地で派生した。それにもかかわらず、核の使用に至らない通常戦争は「限定戦争」と呼ばれてあまり重視されず、核の戦争抑止力を理由に、世界の軍事情勢はデタント(国際の緊張緩和)の傾向にあるとされた。そして、二十七年もの間、県民が渇望していた祖国復帰運動がようやく叶えられ、非核三原則の下、一九七二年五月一五日に日本復帰が実現したのである。

しかし、沖縄は、復帰後も常に戦闘態勢にあって、絶えず基地強化の一途をたどっていった。そのために、軍事演習のたびごとに、地域住民や革新系団体の間から基地反対、戦争反対の声が高まった。かつての米ソ二大国を軸とした東西の軍事的対立は厳しく、両陣営の軍備はますます拡充強化され、それは第二次大戦時の比ではなかったのである。軍事力の均衡によって、もはや「核は使えない、戦争はあり得ない」など と楽観的な考え方もあったが、東西冷戦の軍事的対立が解消した今日においてもなお、強化されつつある各国の軍備状況からみると、果たして軍事力の強化は第三次世界大戦を阻止し、世界の恒久平和の確立に寄与するのだろうか、と疑わざるを得ない。

特に日米安保条約を背景とした在沖米軍による守備範囲を極東から周辺国へと拡大し、その後方支援のため民間の軍事協力を規定する「日米新ガイドライン」の取り決めは、まさに第二次世界大戦に日本が突入する直前の、国家総動員体制の様相を呈していたともいえよう。SACO(日米特別行動委員会)の合意により、旧来の普天間飛行場に代えて、新たに基地建設計画が浮上し、その計画と振興策が抱合わせになったことによって、県民や地域住民を賛否両派に分断し、相反目させた。世界に誇れる沖縄県民の平和愛好精神は無残にも踏みにじられる結果となった。基地誘致を否定すれば、地域の発展にブレーキがかかり、条件付賛成に与すれば、戦争の脅威に直接さらされる。日米安保条約で敵対国と仮想される国々も、相応の軍備拡張を行っており、核の抑止条約（CTBT）があるにも拘わらず、臨界前を含む核実験も公然と行われている。異常なまでに進歩した大量破壊兵器やハイテク兵器による軍拡競争に明け暮れている国際社会は、狂気の沙汰といってよい。

世界の多くの国々は冷戦が解消したにも拘わらず、何故に強大な軍事力を持ち続けているのだろうか。それは主としてナショナル・インタレスト（国益）の衝突から自国を守るため政治的に離合集散し、力のバランスを保つ方法としてそれぞれ相応の軍事力が必要になるからである。ソ連が瓦解した今日においてもその理論には何ら変わりはない。国家主権を国際法上、外部の支配に屈しない独立不可侵の最高の権限として、それをかたくなに守り通さんがために、ナショナル・インタレストという国家エゴイズムが生じる。

そのために国際的な協調関係がうまくいかず、対立抗争に明け暮れる国が多い。つまり、自国やその同盟国の安全と利益のみを守らんとする国家エゴのために、軍備を拡張して外交交渉を自国へ有利に展開させようとはかる。自国の政策を相手国が受け入れないときは、戦争をも辞さないというかつての脅威外交は時代遅れとなっていると思われるが、強大な国ほど覇権志向が強くなり、中小国や新生国はその国家主権を大事に守るための対策に躍起になるのである。したがって、これまでの国際社会は、排他的絶対権といわれる国家主権を有する民族国家の、生存競争の側面が強く支配した社会であったといえよう。

国が富み、その国民が繁栄するには、経済成長は欠かせない。もちろん国民が安心立命して豊かな生活を営んでいくためには、経済だけでなく教育や文化活動、さらには福祉面への配慮もまた重要である。しかし、経済活動は一国の繁栄を左右するため、これが国際紛争の発端となる場合が多かった。領土の紛争や植民地支配をはじめ、今日までの幾多の紛争や戦争は、主として富の争奪に起因する経済戦争であった。第二次大戦もファシズム(第一次大戦後、イタリアおよびドイツを中心に台頭した愛国的独裁主義)とデモクラシー(民主主義)というイデオロギー上の対立より、持てる国と持たざる国との経済的な対立が濃厚であったといわれている。そして、大戦の結果、戦勝国は世界平和の尊さをさらに痛感して、国際連盟に代えて国際連合を創設したものの、間もなく米ソ両陣営に分裂、いわゆる東西冷戦状態のまま長く対峙を続けた。

二　共存共栄への渇望

熾烈な軍拡競争の末に、東側陣営が先に経済的破綻に陥り、東西の冷戦は解消した。しかし、東西対峙の間に、科学や技術の高度の発達とともに人智も進み、植民地も次々と独立国の名乗りを挙げたのである。そして、独立国が増えていくにつれて、ナショナリズム(国民国家主義)に基づく新たな闘争が展開され、東西対立に代えて、南北問題がクローズアップされてきた。南北問題とは、主として地球の北側にある先進工業国と南側にある開発途上国との間の構造的な経済上の格差を解決すべき、という南側の主張である。東西の冷戦が解消しても南北問題に見るとおり、経済的格差をはじめ、宗教的、民族的、地域的、国家的なエゴによる人類の闘争は、自由と平等を求めて、その手段のいかんを問わず、今後も果てしなく続くであろう。

戦争と平和の関係を、一九三〇年代のスペンサー的進化論は次のように説明している。国は経済的に進歩すればするだけ戦争を引きおこす理由が少なくなる。経済的発展は合理主義と自由主義のための環境と心理、つまり平和を追求するのに適した状態を生む。発展の遅れた前近代的な社会においてだけ、人々は訳もなく戦争に駆り立てられ、好戦気分が高揚し、物理的暴力の内に栄光を見出した。こうした前近代社会、もしくは近代社会の前近代的階級が、より進歩した社会や階級になるにつれて、戦争はすたれていくであろう。つまり平和と戦争は合理性と非合理性、近代主義と封建主義、もしくは文明と混沌で区分され、理解されていたのである。

ところが、一九四〇年代にはこのスペンサー的進化論は修正を余儀なくされる。ラインホルド・ニーバー（Reinhold Niebuhr 1892-1971 アメリカ）の著作では、今や平和は大きな悪である、という。それは、ほしいままに残虐行動をする現代の専制国家との間の平和的妥協は存在し得ないからである、と断言している。また、平和は戦争行為の一部である、戦争と平和は同時におきる、あるいは、戦争と平和は両立する、戦争の状態が平和である、等と論ぜられている。そして、戦争と平和の古典的意味はやがてなくなって、戦争は政治目的達成の手段となり、戦争回避のためには軍備を強化し、勢力の均衡を保つことが平和だとの見方をしている。

第二次大戦後、米ソはこの勢力均衡論によるパワー・ポリティックス（力の政治）を採用し、軍備拡張に専念した。しかし、勢力均衡の理論は、一定期間のバランスは得られるが、いずれは総力戦となる懸念を否定できない。弱い陣営が先に崩壊するか、開戦となるか、あるいは共倒れになるまで常に軍備拡張を行い、ついには地球そのものが枯渇してしまう可能性もある。ここには恒久平和など到底想像し得ないのである。「戦争は人類の文化がはじまって以来ずっと存在していたものではない、戦争は生物的な要因に基づいていない」という認識の下に、著者は、戦争および戦争の脅威のない状態を「平和」と考えたい。

さて、戦争や戦争の脅威のない平和な世界を実現する方策として、これまで提唱されてきたものに「世界政府樹立」の構想がある。この考え方の起源は、歴史をたどればきわめて古いといわれている。しかし、政治家が実際に戦争の無い国際社会の樹立のために立ちあがったのは第一次大戦末期のことであり、その結果が国際連盟の誕生であった。

ところが、国際連盟は、創設者の意図や理想に反し、その構造的欠陥や米ソ両国の連盟への不参加などにより、その機能が著しく弱体化され、国際平和を維持することができなかった。そこで、第二次大戦後には、国際連合が創設され、世界的規模の当時最高の平和機構が実現したのである。国連は、常に国際協調を目指して国際紛争の平和的解決に努力しており、その専門機関による国際協調は高く評価されている。しかし一方では、軍事的紛争に関してはほとんど解決能力に欠けているといわれている。そのため核戦争への脅威の根絶を求めて「世界連邦政府の建設」が唱えられるようになった。

その後の世界統合の動きはと言えば、国際情勢の緊張緩和に伴い、核戦争は起こらない、世界統合は困難である、統合されても内乱が続出するなどの批判が多く、今日では運動も影をひそめるに至っている。そのような中で、世界政府樹立はまず欧州の統合から始めようとの提唱がなされた。米国や日本に対する経済的対抗意識も加わって早い段階でＥＣ(欧州共同体)が誕生し、ＥＵ(欧州連合)へと拡大した。この動きと呼応してＡＳＥＡＮ(東南アジア諸国連合)やＮＡＦＴＡ(北米自由貿易協定)などのような特定地域のブロック化がＥＵ等に照応して誕生するようになったのである。

この地域統合への動きは、地域内の協調が強調される反面、地域外に対しては必然的に対立的な傾向が生じる。ヨハン・ガルトゥング(Johan Galtung 1930- ノルウェー)は「構造的暴力を産む」と表現している。東西軍事的対峙が解消した今日においても、拡大ナショナリズムによる新たな地域間紛争が予想される、というのである。したがって国際社会は域内協調がある反面、拡大ナショナリズムによる多極分散型の群雄割拠時代を迎えているといえよう。

そして、経済問題も政治問題化するとともにグローバル化し、地球的規模でなければ解決できない問題も多くなっている。とくに経済格差に端を発した南北問題は、非同盟グループを含む第三世界の主導権により対決が回避され、相互依存という協調へ変遷するかに見えた。しかし間もなく東側陣営が瓦解し、この冷戦解消が引金となって民族自決の問題や宗教的対立の問題などが台頭するようになった。民族紛争や宗教的紛争が世界各地域で、蜂の巣をつついたように続出した。

また、科学万能主義という行き過ぎや国益の美名の下に、各国の科学者が地球上の物質の物理化学的応用を競い、環境問題を惹起して生態系を破壊し、ついには、大規模な地球汚染、すなわち地球温暖化、大気汚染等自然破壊という大罪を犯すに至った。戦争よりもさらに恐ろしい地球の危機すら招いている。

そして世界経済の要ともいえる金融問題では、前世紀中に金本位制から変動相場制に代わり、今世紀になって情報技術（IT）の急激な発達によって今や国際投資活動はマネーゲームへと化した。先進国は安易に国益と称して大量生産・大量消費を督励し、そのため国々の乱開発が進んでいる。地球上の生態系を破壊し、ついには本来的な需給や生態系のバランスを失って、近い将来の世界恐慌に怯えている有り様である。

これらの諸問題を解決して地球の危機を救うには、従来の民族国家や国連をはじめIMF(国際通貨基金)、GATT(関税と貿易に関する一般協定)など、既存の国際制度や機構では到底対処できない。これらを網羅したグローバルな超国家的世界組織による新秩序の建設が要請されている所以である。

本論では、過去の世界政府運動と西欧統合との関係に触れ、失速状態にあるといわれる地域統合理論を再検討した上で、一連の統合現象と各アプローチの関係を明らかにしながら、世界統合理論へと展開する。次に政治的エリートの意思と能力を培うため、既存の宗教に照らして、これまで科学者がタブー視してきた人の魂の存在や霊界等についても考察しながら、新たな世界的宗教の基盤的思想を模索する。そして、それによって政治的エリートの国家エゴ的な発想を和らげ、人類の共存共栄の関係へ発想の転換を図る。最後に科学技術の急速な発達に伴う危機に言及し、世界統合の必要性を論じる。そして科学と宗教の双方の思想を両輪とする政教を両輪とした世界連邦政府を早急に創設することを提唱し、その展望と実践活動について述べる。

第一部　世界統合理論の構築

第一章　世界政府運動と西欧の統合

一　世界政府運動の起源と現状

世界政府樹立の構想は十八世紀に遡る。カント(Immanuel Kant 1724-1804 プロイセン)の平和論をはじめ、『永久平和論』(1713)の著者サン・ピエール(Saint-Pierre 1658-1743 フランス)、ウィリアム・ペン(William Penn 1644-1718 アメリカ)などの思想による国家主義や民族主義を超えた、世界連邦への志向である。日本でも、明治三年に小野梓(おのあずさ 1852-1886)はその著『救民論』(1870)において、世界法の制定と世界政治機構の設立を主張した。その十年後には、植木枝盛(うえきえもり 1857-1892)が同様の趣旨を『無上政法論』(1881)で唱えた。中江兆民(なかえちょうみん 1847-1901)も『三酔人経綸問答』(1887)の中で、世界連邦の思想に言及している。

一方、世界の多くの政治家が戦争を消滅させようと具体的な考えに至ったのは、第一次大戦末期のことであり、その結果が国際連盟の誕生である。国際連盟は、最初の全世界的規模の政治組織となったが、その基礎は脆弱であった。続いて第二次大戦後、戦勝国は以前にも増して平和を強く希求し、より充実した組織を目指して国際連合を設立した。しかしその後、世界は間もなく米ソ超二大国を主軸とする東西両陣営に分裂し、各国の軍備拡張はエスカレートの一途をたどることとなってしまう。

核兵器の出現に人々は驚き、もはや国際連合の力のみでは平和維持は困難であり、世界連邦政府の建設へと進むことが必要であると感じた人も少なくなかったのである。そこで、これ以下、水木惣太郎「世界政府と憲法」（有信堂）を参考に述べることだが、第二次大戦の終った一九四五年一〇月、アメリカのニューハンプシャー州のダブリンにおいて世界政府運動のための会議が開かれた。その提唱者は、アメリカ合衆国最高裁判所元裁判官Q・ロバーツや前ニューハンプシャー州知事R・バス等であった。会議には各界の名士五〇名が集まり、五日間にわたって戦争の防止と平和の問題を討議したが、国連には軍事的解決能力が欠けており、戦争を防止するためには、世界連邦政府を樹立する必要があるとの結論に達した。

そして、その政府の主要機関として「世界立法議会」を設け、原子力の国際管理に関する法律を制定すべきであることを決議した。世界政府の権限については、当面の戦争防止を最小限度に止めようとする、いわゆるミニマリスト(Minimalist)の主張を展開した。この会議が世界政府運動の端緒といわれているものである。

その後、アメリカでは世界政府を構想する団体が相次いで出現した。まず「世界連邦主義者連合」(World Federalist Union, WFU)が、一九四七年にノースカロライナ州のアシュビルで開かれた世界政府全米大会で成立をみた。この組織は、世界政府運動の諸団体中、最も活動的な団体で、その初代会長はコード・メーヤー(Cord Meyer, Jr. 1920–2001)。世界政府の権限については同じくミニマリストの立場をとった。

次に、シカゴ大学前総長ロバート・ハッチンス(Robert M. Hutchins 1899-1977)を委員長とする「世界憲法起草委員会」(Committee to Frame a World Constitution)が、一九四八年に世界憲法草案を発表した。世界政府の権限についてはマキシマリスト(Maximalist)といわれる最大限論の立場を採り、戦争防止はもとより、立法、司法、行政の権限のみならず、従来、構成国の国際的権利とされている事項も世界政府の権限にしようとするものである。また、学生や退役軍人を主体として結成された「世界共和連盟」(World Republic)も最大限論者である。

さらに、アインシュタイン博士(Albert Einstein 1879-1955)を会長とする「原子科学者緊急委員会」(Emergency Committee of Atomic Scientists)も、原子戦争の防止と世界政府の樹立を強調した。これらの最後に、自由な民主主義国家で中核的な統一体をまず結成し、漸次普遍的な世界政府を樹立しようという主張が生じ、「フェデラル・ユニオン」(Federal Union)等の団体が結成された。以上はアメリカで結成された団体であるが、イギリス、フランス、ドイツ、イタリアなどにも同様の運動が存在し、日本にも一九四八年に「世界連邦建設同盟」が結成されたのである。

世界政府運動は、世界各国で独自に行われていたのであるが、一九四六年にはイギリスのF・M・キング、スイスのM・ハビヒ博士、オランダのH・M・ギーステラス等の提唱により、一四ヵ国、三十二団体の世界連邦主義者がルクセンブルグに会合した。その結果、「世界政府のための世界運動」(World Movement for World Federal Gov`t, WMWFG)が結成され、「ルクセンブルグ方針宣言」が採択された。それは、世界連邦政府の樹立を目的とするが、その第一歩としてヨーロッパ連邦を提唱したのである。そして、自らは世界連邦政府運動の連絡機関となった。

かくして、世界政府運動の第一回大会が一九四七年八月にスイスのモントルーで開催されることとなり、十四ヵ国、五〇団体一八三名が参加し、「モントルー宣言」が採択された。その内容は要約すれば、①基礎原則として、全世界の加盟、国家主権の一部譲渡あるいは制限　②到達方法として、国際連合を改造して世界連邦政府にするように各国政府および立法機関に圧力をかけ、世界憲法会議を準備するため非政府的な統一活動をなす等であった。以上のように、極めて短期間のうちの、世界連邦政府成立を期したものであった。

その経過をみると、①世界政府運動は世界連邦政府の樹立を目的とすること　②その第一歩として西欧地域連邦を達成すること　③戦争防止を主眼におくこと（世界政府の権限を第四回以降は最大限論から最小限論へ転換）④到達方法として、国連の改造による方法を採用し、世界憲法会議の準備活動を行うこと、等を主な指針としている。

そして、一九五三年の第五回コペンハーゲン大会には「世界政府のための国会議員協会(World Association of Parliamentarians for World Gov`t, WAPWG)の正式代表者三〇〇名、オブザーバー二〇〇名、計五〇〇名が参集した。さらに一九五六年の第七回イギリスのライムホール大会においては、「世界政府のための世界運動」の名称を「世界連邦主義者世界協会(World Association of World Federalists, WAWF)」に改めた上、軍縮および国連憲章改正に関する委員会報告が行われ、制度機構面の研究が活発に行われた。その後、参加団体や会員も次第に増加し、一九六三年の第十一回東京大会においては、外国から二〇ヵ国一七二名、日本から二、〇〇〇名もの代表者が出席して、コペンハーゲン以来専門機関が十年もかけて練った国連憲章改正案を採択した。

その主な内容は、①世界法を制定して各国の軍備、軍隊を廃止すること　②世界査察機関および世界警察を設置すること　③世界法廷を設置して世界法違反者を裁判し、諸国家間の紛争を解決すること　④世界連邦の財源に関すること　⑤保障措置として世界連邦の権限を厳密に規制し、個人の人権と各国独自の政治、経済、社会制度を保障すること、等である。大会はさらに一九六八年の第一四回まで継続して、各国が世界連邦に必要な権限、組織、保障措置などを研究するための機関を設置し、国連がこれに協力すべきことなどを決議して、運動の主張を広く世界各国に訴えた。

さてここで、このような画期的な構想による世界政府運動が行われていたにもかかわらず、何故に大きく進展せず、今日なおその運動が停滞しているのか、その背景を確認しておく必要があるだろう。その第一は核の抑止により核戦争の危機は脱した、との幻想が生じたことは一つの主な理由である。しかし、より重要なことは、世界連邦政府の樹立を目的としながら、まず第一歩としてヨーロッパ連邦の達成を決議したため、人々の関心がヨーロッパの地域統合に集中し、世界統合運動は弱体化を余儀なくされたものと思われる。しかも、西ヨーロッパの統合は超国家性の連邦化に到達せずに、結局はEC(現EU)という地域共同体にとどまってしまった。

多くの学者はECをモデルにした地域統合現象に目を奪われていたが、ECの連邦化の挫折によって、統合理論に混乱を生じ、したがって統合理論に対する批判も続出し、世界統合の研究やその実現への努力も薄れてしまった。その結果世界統合に対する政治的エリートの関心も惹くことができず、十分な意欲も与えることができなかったと著者は思うのである。

それでは、西ヨーロッパの統合運動がスピードアップしていたにもかかわらず、連邦化が実現しなかったのは何故だろうか。次にEC統合の過程と統合の理論的構想について論及する。

二　西欧の統合と地域統合理論

欧州統合の運動は、第二次大戦後急速に進展したが、この統合運動は戦後突然現われたものではない。実はそれ以前に数百年にわたる長い歴史を持っている。しかし、それは当初、一つの予言もしくはビジョンのようなものであり、第一次大戦後には政治運動にまで発展したが、一般の人々には実現にほど遠いユートピアとして軽視され、顧みられなかったのである。

ところが一九四〇年には、ジャン・モネ(Jean Monnet 1888-1979)の提案により、ウィンストン・チャーチル(Winston Churchill 1874-1965)が物資供給と軍備の問題で英仏連合を提唱し、一九四三年には「ヨーロッパ会議」の設置を提唱するに至った。フランスのルネ・メイエ(René Mayer 1895-1972)は、欧州の経済連合に関する案をド・ゴールに提出した。さらにローマ法王ピオ十二世(Pio XII)は、ドイツ、フランス、イタリア、スペイン、ベルギー、ポルトガルなどのカトリック教を信奉する欧州諸国による親密な同盟を構想していたと伝えられている。

一九四四年には、あらゆる政治的意見や信条を持った地下抵抗運動員たちが、共同声明を発表した。その内容は、「ドイツ国民にヨーロッパ問題に関する平和的役割を演じさせ、ヨーロッパ大陸に経済復興をもたらし、自由と文明の維持を保持する唯一の方法は、ヨーロッパ連邦を建設することである」というものだった。そして翌一九四五年には、欧州連邦主義者連合の第一歩が踏み出された。このようにして今日の統合の政治的誘因は、第二次大戦の末期にはじまったのである。

第二次大戦後は、米国とソ連邦が世界のリーダーとなり、欧州は世界の中心ではなくなった。戦後、ソ連の支配下に入った東欧諸国では、民主主義は十分に機能せず、またソ連と西欧との軍事力の差が非常に大きくなった。このようなソ連の脅威が、戦後における西欧に危機感を与え、欧州統合運動の発展に重要な役割を演じる。

戦後の冷戦構造の中で、西ヨーロッパ諸国は、西欧がソ連および東欧圏の軍事的脅威に対抗するために、経済的に早く復興し、政治的な安定を得る必要に迫られていた。また、フランスとドイツは第一次・第二次の両大戦において互いに敵対国として戦っているが、その主な原因は両国の国境にまたがるルール・ザールの帰趨にあった。その地の軍事的基幹産業である石炭および鉄鋼の利権が争われたのである。その権益を、戦後新たに共同加盟国をつくって、プールで共同管理することによって、フランスとドイツの間の一つの地政学的戦争事由を、構造的にしかも永久的に取り除こうという発想が生まれることとなった。

この発想は、フランスの経済企画院長であったジャン・モネによるものであったといわれているが、公式にはフランスの外相ロベール・シューマン（Robert Schuman 1886-1963）によって打ち出され、いわゆるシューマン・プランとして一九五〇年九月に登場した。その構想は、第一に西ドイツおよびフランスの石炭、鉄鋼産業が共通の「高等機関（High Authority）」の管理下におかれること、第二にこの高等機関は他のヨーロッパ諸国が参加できるように開放されること、第三にこのような国際組織化は、平和の保持にとって不可欠な将来のヨーロッパ連邦の第一歩になるもの、との内容で提唱された。そして、二年後の一九五二年に締結されたパリ条約で、ヨーロッパ石炭鉄鋼共同体（ECSC）が発足することとなった。

石炭鉄鋼共同体の成功により、各加盟国は、他の経済分野についても統合を考え、一九五八年にはヨーロッパ経済共同体（EEC）およびヨーロッパ原子力共同体（EURATOM）が発足。一九六七年には、融合条約により、これら三つの共同体は合体してヨーロッパ共同体（EC）となった。そして、一九七三年にはイギリス、デンマークおよびアイルランドが新たに加わって拡大ＥＣとなり、さらに一九九三年にはマーストリヒト条約の発効により、欧州連合（ＥＵ）に生まれ変わったのである。

さて、ジャン・モネは戦時中の一九四〇年に英仏政治連合の構想を提唱した。モネ自身は、単に石炭・鉄鋼の基幹産業を国際的統制下におくという短期的な発想ではなく、より長期的な「ヨーロッパ合衆国」の構想を世界秩序への要として描いていたといわれている。この発想は、伝統的な国民国家体系、すなわち「ウエストファリア体制」の秩序を構造的に変容させる構想であり、国際政治の構造的諸ルールである主権の平等化、ナショナリズムの優位、内政の相互不干渉などに基本的に挑戦する政策態度であったとされる。このようにして、統合理論の中で、重要な要件といわれる思想上の大前提としての「平和志向性」と、力学上の前提として理論の中核を占める「超国家性(Supernationality)」は、ジャン・モネの構想の中で育まれたものといわれている。

ところで、ジャン・モネの構想が一九五二年に「ヨーロッパ石炭鉄鋼共同体」として成立して以来、そのまま順調に西ヨーロッパ諸国の国際組織化へとつながっていったのだろうか。同共同体の成立後まもなく、フランスの提案による「ヨーロッパ防衛共同体（ＥＤＣ）」および「ヨーロッパ政治共同体（ＥＰＣ）」は、いずれもフランス自身の批准を得られず、一九五四年に挫折している。その理由は、西ドイツの再軍備に対するフランス国民議会の懸念、スターリンの死亡による東西軍事情勢の一時的な弛緩などがあった。しかし、最も重大な事由は、ヨーロッパ石炭鉄鋼共同体によって、その思想上の誕生をみた「超国家性」の理念が、これを機能的に発展させるＥＤＣおよびＥＰＣの構想に受け継がれなかったこと、時期尚早として当のフランスによって拒否されたことにある。

「超国家性」の理念は、その後のＥＣ域内の国際関係の中で繰り返し論争の的となった。「共通農業政策(Common Agricultural Policy)」の実施に必要な財源とその管理方法をめぐって、七カ月間にわたる論争が続いた。ＥＣ史上最大の危機といわれた「マラソン政治危機」である。この危機は「超国家性」の理念を強化していくべきか否かについて、争われたものである。

このように、「超国家性」という理論的条件は、ＥＣＳＣからＥＥＣを経てＥＣへの組織的発展過程の中で、幾度もその妥当性がテストされ、結局は挫折した。それは加盟国の、さまざまなレベルにおけるナショナル・インタレストの衝突といった、政治力学上の原因によるものであった。また、その政策路線が、次章で説明する新機能主義の方法を採用して、政治的機能よりも経済的機能を優先させたからであった。そして今日では、その路線の妥当性自体が、EC(EU)政治の中で問われている。統合理論の展開にも大きな影響を与えているともいわれている。

さて、前述の超国家性という理念の挫折について、その原因をもっと具体的に論究すれば、それは畢竟、政治的エリートの意思と能力の問題であると考えられる。ド・ゴールは西ヨーロッパの統合過程において、その超国家性を前提とした必要性をよく理解し、他の加盟国の政治的エリートとともに、ヨーロッパ審議会において連邦化に賛同した。それゆえ、他の政治的エリートと同様、その能力は十分保持していたと思われる。しかし、他の政治的エリートと違って、西ヨーロッパの連邦化への強固な意思に欠けていたのではないかと思うのである。

もし西欧の連邦化が実現した場合には、これまでのヨーロッパ先進国としての加盟国は、米ソや他の独立国との対等の地位を失い、サブ・ナショナルの地位に低下してしまうことになる。地域社会は、やはり国際社会あっての地域社会であり、国際社会において、よき地位と国益を守るための地域的活動の場に過ぎない。したがって、地域統合の過程が展開しても、国際社会が存在する以上、その国際社会から自らの地位が欠落する結果となるような統合、すなわち連邦化を、その加盟国たるすべての国が好むとは限らない。

ド・ゴールおよびフランス国にしてみれば、グローバルな国際社会において、米ソと対等の地位を保持したいがために、最終的には超国家性の理念を機能的に発展させるEDCおよびEPCの構想を拒否し、連邦化を時期尚早として阻止したと思われる。ジャン・モネの超国家性という理念の挫折は、地域統合においては、ド・ゴールの例ならずとも至極当然の帰結であると著者は考える。前記ヨーロッパ審議会において連合か連邦かの議論に際して、当初から連邦化に反対したイギリスが離脱した理由も、ほぼ同様の意思の表われであろう。

ところで、地域統合に対して、グローバルな世界的統合は性格を異にしており、すべての加盟国が対等の地位を有するものとなろう。仮に世界連邦政府が実現して、各国がサブ・インターナショナルの地位に低下しても、その地位は相対的なものであって新たな格差は生じない。各国の政治的エリートあるいはアクターが、最も恐れる地位の低下あるいは失墜は、世界統合の過程においてはあり得ないのである。これに対して、特定の地域の統合においては、その加盟国は明らかにサブ・ナショナル化し、国際的地位の低下を伴う。したがって、地域統合における超国家性よりも世界統合における超国家性の方が、その実現可能性ははるかに大きいといえるのである。

また、ＥＣが、政治的機能よりも経済的機能を優先させたために、超国家性への移行が挫折したとの見方だが、必ずしもそうではない。なぜなら、ＥＣ共同体誕生の最終段階に至っては、明らかに政治的機能を活用して決定したものと考えられるからである。そして、仮に経済的機能よりも政治的機能を優先させたにしても、地域統合においては、前述のド・ゴールの事例と同様な理由により、超国家性への移行は挫折せざるを得なかったのではないか。さらに、後述する新機能主義アプローチを、ＥＣ政策路線の中で問題と看做す論点も存在するが、新機能主義アプローチが経済的領域から政治的領域へ波及していくという理論自体については、必ずしも否定すべきものではない。この著者の考えは、第二章において説明することとする。

第二章　地域統合理論の再検討

一　統合の概念

国際社会でいう政治統合(Political Integration)は、戦後西ヨーロッパにおける特異な国際機構としてECの発展を理論づけるために概念化された。ただし、統合という概念の意味は明確ではなく、それぞれの立場から政策的に解釈された。特に「超国家性」を統合の重要な属性と見るかどうかということで見解が異なっている。そのためもあり、統合の概念はいまだに一般化されていない。

エルンスト・ハース(Ernst Bernard Haas 1924-2003 アメリカ)は、統合理論の古典ともいうべき『ヨーロッパ連合』(The Uniting of Europe 1950)の中で、「統合とは、国家の機構内にある各行為主体が、納得のうちに、国家的属性として持つその忠誠心、期待、政治的活動を、新たなより大規模な中核機構(既存の国家の上に現に支配管理権を持ち、あるいはこれを要求する機構)に移転せしめる過程を政治統合という」と定義している。ハースのこの定義は、国家の主権性を乗り越える力学の過程を重要視するものと解されている。

また、K・W・ドイッチュ（Karl Wolfgang Deutsch 1912-1992 アメリカ）の共著『政治共同体と北大西洋地域』（Political Community and the North Atlantic Area 1957）における定義はつぎのようなものである。「統合は、一定領域内の人々の間で、長期間にわたり、平和的変更に関する信頼可能な期待について、これを確保する上で十分強力で、かつ広範囲な諸制度と慣行を達成し、同時に共同体感を達成することを意味する」。そして、統合過程の結果については、国家の主権を乗り越えた「合成型」の安全保障共同体と、国家の主権を乗り越える必要のない「多元型」の安全保障共同体という二つのタイプを考えたといわれる。

しかし、この定義では「超国家性」という属性は、統合の過程の必要条件とはみなされていない。ドイッチュのこの定義は少数意見である。その理由は、統合の力学にとって「平和志向性」だけでなく、既存の国民国家体系の秩序の仕組みをも変容させていく過程、すなわち「超国家性」の属性もまた非常に大きな意味を持つと研究者達が考えるようになったからだといわれている。したがって前記のハースの定義が多数意見とみなされている。

この「超国家性」および「統合」の概念の理解をより深めるために、鴨武彦（かも たけひこ 1942-1996）の『国際統合に関する諸学説の検討』の中から引用してみよう。鴨は「超国家性については一つの明確な定義を与えることは困難であるが、ハースの解明したところにしたがえば連邦(Federation)という原形に近いものであり、かつ従来の政府の権威に相当する新たな権威をその根底に持ったものと理解したい。より端的にいえば、超国家的性格とは国家体系の基礎をなす国家性を否定し、それを超える性格のことである」と説明する。また、統合については「国際レベルでの統合の意味は、国際関係の多くの緊張および国家間の紛争の主たる原因が、諸国家の並存状態に起因することを認識して、国際政治の基本的秩序ともいうべき国家体系を変更廃棄することにあると考えられる」と述べている。

学説は統合を過程として把握するものと、統合を条件として規定するものに分かれている。前記のハースおよびドイッチュはいずれも過程説に属し、条件説の代表者はエツィオーニ(Amitai Etzioni 1929- アメリカ)である。エツィオーニによれば、統合とは政治共同体を存立せしめる条件を意味している。政治共同体は三種類の統合を保有する共同体であり、①暴力手段の正当な行使の独占　②政策決定中枢　③政治的一体性中枢の以上三つの統合をすべて保有するとき、政治共同体が成立するというのである。また、過程説は統合の過程に重きをおき、条件説は結果すなわち共同体成立の条件を意味するのであるが、前者過程説が多数説となっている。

右の三つの説は、いずれもECの統合の現象をとらえたものと思われる。その中で、まず前記ドイッチュの過程説は非政治的な現象過程を重視したものであり、多元型の安全保障共同体はECSCおよびEECの段階における統合状態を考察しており、合成型の安全保障共同体はECのこれからの超国家性の連邦化を示唆したものと理解できる。

またハースの過程説には、前記ドイッチュの非政治的な統合現象が根底に潜在している。その非政治的な分野からさらに政治的分野へ波及し、政治的共同体が成立すると想定したもので、政治的統合現象を重視したものである。最後に、エツィオーニの条件説はEC統合以前から存在してはいるが、ハースとドイッチュの過程説における動的な統合現象がある段階に到達したときの一定の状態を考察したものとみることができ、静的で制度的な面を重視しているものである。

したがって、統合の概念としては多数説、少数説に区分して三者択一の方法によるものではなく、これらの説を総合的にあるいは補完的にとらえ直すことが合理的であろう。そこで著者は、統合について「国際社会において国家間の相互依存関係が深化すると、国家間レベルの協調関係が国家間レベルを超えた協調関係へと進展する。そして、グローバル化した国際社会は既存の国家体系では対処できず、やがて変革し、ついには国家主権を乗り越えた超国家性の新秩序体系へと移行する。統合とはその過程または移行した状態である」と定義したい。この統合の過程を社会現象としてみた時、国家間レベルにおける協調関係を水平的統合現象、国家間レベルを超えた協調関係を垂直的統合現象として把えることとする。

そして垂直的統合現象には、さらに国家主権を乗り越えるに至らない垂直的統合現象と、国家主権を乗り越えての移行が想定される垂直的統合現象に区分できる。そこで、後者の国家主権を乗り越えて移行する垂直的統合現象を「強い統合現象」、後者の国家主権を乗り越えるに至らない垂直的統合現象および前者の水平的統合現象を「弱い統合現象」と呼称することにして、それらの用語を便宜的に用いることとする。

二　地域統合理論の概要

国際政治において統合現象に対するアプローチが登場し、注目されはじめたのは一九五〇年代である。統合理論は主としてＥＣの統合過程を研究したものであり、その目的は将来における戦争廃絶の可能性や諸国間の平和の条件を探求して、永遠の発展に貢献しようとするものである。その研究には、地域統合の最終状態の概念や仮説、統合過程に関する多様なアプローチが存在するが、連邦主義、多元主義（または交流主義）、伝統的機能主義、新機能主義などの各アプローチはその代表的なものになっている。

各アプローチについては先学の諸論文を元にまとめれば以下のようになる。

最初に掲げた連邦主義アプローチは、最も古い伝統を持つアプローチであり、統合の最終目標を超国家的な連邦国家の建設という明確な政治形態をとる。この構想では、新しい連邦政府は、その構成単位である国家の共同防衛、政治安定、経済ニーズを充実させるための政治的権威、強制力および物質的なパワーを有することになっている。そして、各構成単位は、それぞれ個別的な帰属意識を保持し、ローカルな自律性の行使が認められている。しかし、統合過程やその成否については、政治的エリートの意思と能力に依存するというものである。この方法論は、戦後の西ヨーロッパの政治的展開に沿って打ち出されたというよりは、はるか以前からヨーロッパの政治思想の中で育まれてきたもので、政治共同体のレベルを半ば強制的に統一することによって平和を目指す思想であった。

連邦主義アプローチの研究は、これまでアメリカ、スイス等の連邦形成の歴史的な研究とその政治体制に向けられ、超国家的な国際機構を創設することに理論的関心を払い、超国家的な国際秩序の形成過程の解明を怠っている。したがって、このアプローチにおいては次のような疑問点が生じることとなる。即ち、超国家的機構の創造が、実際にはどのようにして達成できるのだろうか、なぜ超国家的な機構をつくろうとするのだろうか、ナショナリズムの衝突をどのようにして調整するのだろうか、などの点である。エツィオーニの弁証法的発想すなわち既存の国際的機構を発展的に解消し統合することによって、超国家性の意義を実体化しようとしたにもかかわらず、今日ではこのアプローチの理論的未熟さが指摘されている。

次に取り上げる多元主義(または交流主義)アプローチは、国家間の制度的創設に着目するのではなく、国家間にある共通の価値や意識あるいは相互の信頼関係を基礎に、安全共同体形成を最終目標としている。このアプローチにとって重要なことは、国家間における公式の制度的変更ではなく、平和と安全を保障する社会心理的共同体を形成することである。多元主義アプローチは交流主義アプローチとも呼ばれているように、広く国民間の接触や交流、そしてコミュニケーションの量と範囲が増大すれば、相互の関係を重大なものと認識して、その行動と利益を高く評価するようになる。そして相互の関係はいっそう緊密なものとなり、結局は統合過程としてますます強固なものとなっていくと考えている。

この方法論は、ドイッチュとプッチャーラ(Donald J. Puchala 1939- アメリカ)等のコミュニケーション理論家によって代表されている。例えばドイッチュによれば、国家社会の様々なレベルにおける交流の増大は、その国々の国民の間で「相互反応性」を高め、それが結果的には当事国同士の政治的結束を強める方向に作用する。そこでは超国家的国際機構の役割よりも、国家社会間の「相互依存」状況の深化の方が重視されている。現在のEU(EC)やASEANなどの統合パターンは、このアプローチの示唆する「諸国家からなる共同体」の様相を呈しており、このアプローチの有効性を実証しているともいわれている。このアプローチは、地域統合の社会的心理的側面の記述に優れているが、国家間の制度的創設には着目しないので、制度的政治的側面の分析と、具体的な統合過程の政治力学の解明を怠っているといわれている。

三つ目の伝統的機能主義アプローチの特徴は、社会の政治的側面と非政治的側面の分離を前提にしていることである。統合にとって重要なことは、政治的領域外に存在する人々の必要と欲求に注目すること、と考えている。ミトラニー（David Mitrany 1888-1975 イギリス）によれば、諸国家は非論争的な社会的経済的諸問題の協力の増大によって、相互依存の複雑な網状構造の中で結合され、そこでは紛争や戦争の物質的心理的な基盤は侵食され、最終的には国境を横断する多数の機能別国際機構の行政網が確立し、平和な世界共同体が創設されるというのである。

このアプローチは、国家に対する直接的な挑戦を避け、斬新的な機能的国際協力の実行によって、国境を事実上無意味なものにしようと考えている。優れた制度が存在すれば、人間の本性は不安であっても、行動の転換は可能であり、人間の態度と行動が変化すれば機能的な協力のために新しい領域がさらに展開してくる。このようにして、国民は時代遅れで機能不全になった国家から、忠誠心と物質的ニーズをより充実してくれる新しい制度機構へと転換していくと考えられている。国連の専門機関の創設は、このアプローチの構想が結実したものであるといわれているのである。しかしながら、現実の地域統合過程では、紛争を通じての統合の強化が見られるし、国家とその指導者の果たす役割は重要である。国家は「曖昧なもの」になったが、依然として「頑固なもの」として健在している。その現状から、地域統合現象からナショナリズムを消し去ることは困難であるといわれている。

最後に新機能主義アプローチについて述べる。これは一九五〇年代から一九六〇年代にかけて、ハースを代表として理論化された方法論である。ECSCからEECへ向かう西ヨーロッパの統合運動の理論的な行動指針ともなっている。ここでは、統合は既存の民族国家を超越する超国家的な政治共同体の形成過程であるとし、政府、利益集団、政党など多様な政治アクターが、価値配分を統轄する中枢機関に接近し、アクターの忠誠、期待、政治的諸活動が新しい政治共同体へ次第に移行していくものと考えていた。

その後、ハースはECSCの形成とその活動状況や政治力学の分析を通じて、その機能的な特殊性ゆえに、隣接分野に波及していく傾向を必然的に持つという「スピルオーバーの理論」を提示する。ここでハースは、一定の条件が充足される時には、経済的統合は政治的統合に自動的に移行すると主張している。すなわち、国家主権の直接かかわらないものであっても、高度に政治的な意味連関を持つような経済的領域において、特定の課題を共同で処理するための超国家的機構が形成されると、こうした経済部門における統合は、政治部門へ波及することになる、というのである。したがって、経済統合が進み、右の波及効果が継続的に起きると、政治統合もまた成就されると、それまでの理論を修正している。

このアプローチの骨子は「機能的スピルオーバーの自動性(Functional Spill Over Automaticity)」という仮説である。ここでは経済統合と政治統合との関係は、一つの連続現象として理解されている。すなわち、統合が経済機能領域からスタートし、離陸すると、その過程は直線的発展軌跡を描いて、自動的に政治機能領域へと進展するというのである。しかし実際には、ＥＣ(ＥＵ)統合の中でその連動性は脆弱で実現しなかった。このアプローチは、統合過程の分析には優れているが、ナショナリズムやハイ・ポリティックス等の非合理的、イデオロギー的行動を無視し、国家の比重を極端に軽視した点など問題が多いといわれている。

統合理論は今日の国際政治学においても高い評価を受けているが、理論的障壁も多く批判も少なくない。たとえばプッチャーラは弱い統合現象について「各アプローチは一般理論ではなく、むしろ部分理論である」と考えたし、他にも「機械主義的思考である」「参加国同士の紛争状況を免れない」などの批判が数多く存在する。また、強い統合現象の結果に目標をおいた連邦主義アプローチについても、それが弱い統合現象を前提としている限り同様の批判が避けられない。

しかし、これらの批判はこの後逐次説明するが、克服可能であると著者は考えるものである。

三　統合現象と各アプローチの関係

国家間にある共通の価値や意識あるいは相互信頼に基づいて、広く国民間の接触や交流、コミュニケーション等の増大によって、相互の関係が緊密になる。そして、協調関係が強固になり、統合現象が進展すると、やがて国家間の相互依存の状態が形成されていく。このような現象に注目したのが交流主義(多元主義)アプローチであった。そして、このような統合現象は、政治的現象というよりは、むしろ非政治的現象であるところに特徴があった。

一方、各国民間の協調関係や各国家間の相互依存関係がさらに広く深く進展していくと、国家を横断する多くの網状の行政機関が形成される。それは国際的な新しい制度機構へと転換し、人間の行動も変化して、国家主権に挑戦しなくとも、国境は事実上無意味なものとなる。このような現象をとらえたのが伝統的機能主義アプローチであった。

この両アプローチはいずれも、経済、社会、文化、その他の非政治的分野における協調関係に注目し、その協調関係がそれぞれ他の分野へ波及し、広まっていく現象を前提にしている。ところが、ＥＣの統合過程においては、とくに経済問題を重視していたために、基幹的な経済分野から開始された統合現象が隣接分野に波及して、自動的に逐次、政治的な分野へ直接的に移行するという統合現象が顕在化したのである。この現象をとくに取り上げて、「スピルオーバーの理論」を活用して提唱したのが新機能主義アプローチであった。

これらのアプローチをさらに角度を変えて段階的に考察してみる。まず交流主義アプローチは、国家間の接触や交流、コミュニケーションの量と範囲を増大するという国家間レベルの横の水平的な統合現象を重視している。この段階においては、明らかに非政治的現象が対象となっているように思われる。しかしこの水平的統合現象は、やがて波及理論の効果もあって、国家間レベルを超えた垂直的な縦の統合現象へと進展する。

この段階に達すると協力関係の新しい制度創設も必要となり、相互依存の関係も深化していく。ドイッチュの多元型安全保障共同体は、この段階における産物であるといえよう。そして協調関係がさらに進展すると、合成型の安全共同体が出来ることを想定したようである。しかし、ドイッチュは国家主権を超える超国家性の政治共同体は考えていなかったようである。結局は、主権を乗り越えるに至らない弱い統合現象にスポットをあてたアプローチであったといえよう。

次に、伝統的機能主義および新機能主義の両アプローチは、いずれも国家間レベルの水平的統合現象はやがて国家間レベルを超えた垂直的統合現象へと移行するとの考えであった。前者は非政治的側面を重視し、国民生活上の必要な分野での連携によって、国境を越えた国際機構をつくることを考えたのである。国連の専門機関はこのアプローチの産物といわれているが、国家主権を無視しては超国家性ではなく脱国家性で、結局は弱い統合現象に焦点をあてたことになる。

後者は、一連の統合現象を、当初は政治アクターによる超国家性の政治共同体への形成過程であると考えた。ハースの定義はその考え方が反映していると思われるが、その後、彼は説を改めて「スピルオーバーの理論」を展開し、経済分野における統合は政治的分野に波及していくと提唱した。すなわち、経済的分野から開始した統合現象は、国家間レベルの水平的統合現象を経て、国家間レベルを超えた垂直的な経済統合現象へ進展していくというのである。ＥＣＳＣからＥＥＣに至る過程は、この段階における産物と考えられる。そして、国家間レベルを超えた垂直的な統合現象は、「スピルオーバー理論」の波及効果によって、経済統合現象から政治的分野の統合現象へと波及していくというのである。

しかし、新機能主義アプローチは、その到達目標を超国家性の政治共同体に想定しながら、現実には国家主権の壁にさえぎられて、主権を乗り越えた垂直的統合現象へ移行できず、強い統合現象は生じていない。ＥＣ（ＥＵ）はこの段階に達した政治的共同体であるといえよう。すなわち、ＥＣＳＣおよびＥＥＣの段階においては、いまだ経済的共同体であったものといえるが、EC(EU)は、マーストリヒト条約の発効により金融的統合もなされており、統合現象としては、経済分野から政治的分野へと波及しているものの、EC(EU)の現段階においては、超国家性を有しない政治共同体であるといえよう。

以上の各アプローチは、その対象とした統合現象の分野やその最終状態はそれぞれ異なっているとはいえ、いずれも弱い統合現象に関するアプローチであった。これに対し、連邦主義アプローチは、弱い統合現象には考慮することなく、直ちに強い統合現象を想定し、最終目標を超国家的な連邦国家の創設という政治的、制度的、静的状態にスポットをあてている。そして、国家主権を乗り越える必要性を認めながらも、その方法または過程については政治的エリートの意思と能力に依存すると思考する。

このアプローチは、統合現象の最終段階、すなわち統合現象の過程というよりは結果である最終状態を想定したものである。したがって、前三者のアプローチは、前述の過程説に属しているのに対し、後者の連邦主義アプローチは条件説に属しているといえよう。高い壁を乗り越えるには助走が必要であり、国家主権の壁を乗り越えるには、少なくとも弱い統合現象という長い助走が必要であろう。連邦主義はその助走を無視して、いきなり国家主権の壁に飛びつくようなものだが、壁を乗り越えることはできないであろう。強い統合現象と弱い統合現象は、一連の現象である。強い統合現象は弱い統合現象を前提として、初めて実現の可能性が期待できるのである。

プッチャーラは、一連の統合現象と各アプローチの関係を批判しているが、著者は、各アプローチを総合的にあるいは相互に補完的に活用することによって、一連の統合現象を正しく把握できるものと考える。ただし、弱い統合現象から強い統合現象へ移行するに際しては、古い時代なら戦争によって初めて可能であったような何らかの強制が不可欠であろう。しかし統合理論においては戦争という手段は前提としないので、政治的権力による強制という物理的打撃(インパクト)が加わる必要があると考える。新機能主義アプローチの最終目標とする超国家性への移行や、連邦主義アプローチの想定する世界連邦政府の実現は、政治的権力による強制(インパクト)を加えない限り、きわめて困難ではないだろうか。

第三章　地域統合理論から世界統合理論へ

一　相互依存と超国家性の関係

国際社会においては、常に協調と対立の現象が生じており、そのバランス如何によって、国際社会が統合現象か分裂現象か、いずれかを起こすことになる。今日の国際関係は、対立関係から協調関係へと逐次移行し、相互依存の時代が到来しつつあることは疑いないことと思われる。

相互依存という用語は、古くて新しいが、時代によってその意味する内容は異なっている。かつては、強大国と弱小国、本国と植民地の間の主従関係において、有無相通じるため外交政策用語として使用されてきた。しかし、グローバル化した今日においては、各国民間の協調関係の進展に応じて、関係機関や上位機関が網の目のように構築されていく。非政府組織（NGO）や多国籍企業などもその一形態であろう。

これに反して、国家は、その協調関係が進展しても、国家主権を最高のものとして統合現象に直接介入することを避けてきた。関係諸国間の対等かつ並列的な協調関係を維持するために、相互依存の名目を用いて、有無相通じる手段を講じてきた。すなわち、諸国家間に厳然と存在する経済格差をはじめ、国際社会における諸矛盾は、相互依存の名の下に曖昧なものにされ、「相互依存」は政治用語として使われてきたのである。

ところが、科学技術の急速な発達によって、国際社会の現体制では解決できない多くの問題が生じはじめた。国家間の協力関係も次第に深化するに伴い、新しい相互依存関係が生じてきた。たとえば、前述のとおり、南北問題も南北の相互依存へと変容している。南側の諸国は、相互依存概念の欺瞞性に対して反発を感じながらも、自己の主張を北側の諸国に受け入れさせるための説得論理として、この相互依存の考え方を戦術的に活用している。

このように、実質的な相互依存関係が進展していくと、これまでのような曖昧な外交政策は許されず、また自国のナショナル・インタレストのみを固守しては国際社会の一員たらんとすることも困難となる。南側の諸国は、相互依存を主張して新国際経済秩序（New International Economic Order, ＮＩＥＯ）を求めたが、先進国、途上国あるいは大国、小国を問わず、各国がその民族的独自性を長く平穏に保持していくためには、この相互依存の理論的な価値を十分に発揮させることが要請されるであろう。この要請に各国の政治的エリートが理解を示し実践するならば、国際社会における相互依存関係はいっそう堅実なものとなるに違いない。

山本吉宣は、その著書『国際的相互依存』において「かつては厳然と主権の範囲にあった事項が、次々とフォーマルな国際的な議論の対象とされていく。極言すれば、今やすべてのものが国際化し、国際的な議論の対象となる可能性をもっている。このように国家は徐々に裸になり、国民社会どうしの相互浸透がすすむ。そして国家はその目標達成について、制度についても相互依存から得る便益の代価として、古典的な意味での自律性をますます失っていくのである」と述べている。このようにして、並列状態にある現在の国際関係において、国家間の相互依存関係がさらに深化し、ついには国家間の共存共栄へと統合現象はその完結へ向かって進展することが考えられる。

しかしながら、一連の統合現象は、第二章において述べたとおり国家主権の壁に阻止され、それ以上の進展はないものと考えられてきた。これにしたがえば、国際社会における国家間の相互依存関係がいかに進展しても、古典的な意味での国家の自律性を失っていくとしても、また主権国家が曖昧なものになっているとしても、頑固なものである限り、主権の壁にさえぎられて、一連の統合現象は完結し得ない。

すなわち、相互依存による国際社会の統合現象は、弱い統合現象の状態に止まって、強い統合現象へと移行することはできないのである。しかも、国家間の国際関係は、前述のとおり、協調と対立のバランスいかんによって、国際社会は統合現象か分裂現象を起こすものであり、いつまでも協調関係が続くとは限らないわけである。

川上高司は、その著『国際秩序の解体と統合』において「相互依存関係は、協力と紛争が表裏一体となった危険な体制である。ギリシャの場合は、相互依存のネガティブな側面を解決できないで滅んでいった。現在の日米関係あるいは欧米関係といったバイラテラル(二国間)な相互依存のみでなく、マルチラテラルな(多国間の)GATT、NAFTA等においても諸刃の剣となる可能性を十分秘めた致命的問題である」と指摘している。したがって、国際社会の現体制下においては、国家間の相互依存関係は、協調と紛争が表裏一体となった危険な体制であるばかりでなく、国家間の相互依存関係がいかに進展しても、強い統合現象による超国家性へ移行することは残念ながらできないというより他ない。

二　政治的エリートと世界統合理論

ハースの波及効果仮説に基づく理論は、統合現象の理論そのものとしては正しいが、ただ国家主権という厚い壁にさえぎられたために、波及効果が停止して、強い統合現象へ移行できなかったのである。また、連邦主義アプローチは超国家性への移行過程そのものについては、政治的エリートの意思と能力に依存するものとして十分に取り組んでいないのである。

しかし、政治的エリートの意思と能力に依存するということは、統合現象が国家主権にさえぎられて超国家性へ移行しないが、政治的エリートの意思と能力でもって、国家主権の壁を乗り越えることによって、世界連邦が実現されるとの趣旨であろう。また、前章までの検討によって、統合現象における超国家性への移行に際しては、政治的権力による強制という打撃（インパクト）を加える必要があることも明らかにしたが、この政治的権力の原動力になるのは、連邦主義アプローチのいう政治的エリートの意思と能力である。

国際法学者の深津栄一は、その論説『国際統合と国際秩序』（1972）において、「国際統合は、あらゆるパースペクティブから判断して、すべて人為的なものであると認識している。統合は自然に放置しておいても成長するという性質のものではない。それを必要とする人々の意識的な努力(具体的には政治的手腕ないし外交技術を含む)の問題である。征服や戦争による統合であれば支配者の欲望とそれを可能にする武力だけで十分であったが、今日二〇世紀の統合は、平和の中で人間存在への意思と理性が必要であり、統合の必要を認識し、また認識させる能力が必要である。したがって国際統合のためには、あらゆる機会が利用されなければならない。国際的な組織化や公式非公式のグループ化、あらゆる種類のコミュニケーションの利用が考えられよう。そして最終的には国益の対立を調整する政治家や外交の任にあたる人々の強固な意思と能力が必要である」と述べている。

統合がすべて人為的ではないが、弱い統合現象から強い統合現象へ移行させるには、その移行の時点で人為的な打撃(インパクト)を与えようとする政治的エリートの意思と能力こそが、一連の統合現象を国家主権を乗り越えて超国家性へ移行進展させるものである。連邦主義アプローチの「超国家性への移行過程は、政治的エリートの意思と能力に依存する」との趣旨は、まさに政治的エリートによる政治権力の介入を意図したものであろう。そしてこの場合の政治的権力は、弱い統合現象から強い統合現象への移行(飛躍)のための役割を演ずるものといえよう。

現在の国際社会はＩＴ(情報技術)等、科学技術の急速な発展に伴って、相互依存関係もまた急展開しつつある。前述のとおり、相互依存関係がいかに進展しても、国際社会の現体制下においては、国家間関係は現状維持であり、強い統合現象による超国家性への移行は考えられない。しかし、現状のまま長く放置しておくことは危険であろう。相互依存関係は協力と紛争が表裏一体の諸刃の剣であり、統合現象もやがて分裂現象へと変容する危険性を秘めているといわざるを得ないのである。

要するに、一連の統合現象は国家主権の壁にさえぎられて強い統合へ移行できず、相互依存関係も統合現象の一環と考えられるが、超国家性へと移行することはできなかった。また、新機能主義アプローチの目指す強い統合現象としての超国家性への移行と、連邦主義アプローチの想定する超国家性の誕生は、いずれも政治的エリートの意思と能力に依存するものであったのである。

三　世界統合理論としての有効性

統合現象は、国家主権の壁に阻止され、それ以上の進展はないものとこれまで考えられてきた。しかし、国家主権の壁は果たして乗り越えられないものなのだろうか。

これまで検討してきた地域統合理論は、ＥＣの統合過程をモデルに理論化したものである。そしてこれらの理論は、世界統合の前提をなすものと考えられた。世界政府運動においても世界政府樹立の前提としてヨーロッパ統合運動に力を入れてきたのである。ところが、地域統合は世界統合の前提という考え方は、必ずしも当を得たものではないとの指摘がある。

野村昭夫の「ＥＥＣ型の地域経済統合はグローバルな自由化への一段階であるという理解は、根本的に誤っているといわなければならない」とする見方や、ガルトゥングの地域統合は構造的暴力を産むという考えにしたがえば、地域統合によって一定地域の平和的な管理運営を可能ならしめるメリットはあるが、地域統合がそのまま世界統合への足場になり、世界平和を招来することは必ずしも望めないといえよう。

それでは、地域統合によってでは真の世界平和を招来できないとすれば、それに代わる世界統合はどうであろうか。地域統合理論では、人々の日常生活に影響を与えるその地域に共通の価値や社会的心理という側面を重視してきた。しかし、世界統合においては、民族国家や地域国家群を基礎にしたグローバルな広範囲の統合が行われる。そのため、その条件は、国家や地域内には必要とさえすれ、国家や地域の外においては必ずしも必要ではない。むしろ、国家間あるいは地域間の並列状態から生ずる紛争の解決が重視されることになろう。

つまり地域統合は多くの場合、地域主義に基づいていると言える。地域主義は、政治経済済軍事等の広範囲の分野での諸国家間の地域での協力を目的とする。国家体系の枠組の中で機能し、それが国際機構に具体化されても諸国家の政治的独立性は尊重され、連邦化への意思とは異なるのである。ただし、もし世界統合が実現した場合には、その下部組織的な役割の一端を担うことにはなろう。

以上が、統合理論の失速状況を招いた主たるゆえんであろう。世界の平和と繁栄を招来するために、統合理論の打開を図るために、世界統合理論を構築する時期が今こそ到来しているのではなかろうか。連邦主義アプローチは、これまで地域統合の研究にはあまり活用されていないが、地域性に拘泥しないが故に、世界統合の構築にはそれなりの有効性を発揮するのではなかろうか。一連の統合現象は、前章において述べたとおり、遠からず超国家性へ移行する可能性を秘めている。

弱い統合現象から強い統合現象へ移行すれば、その移行時点から連邦主義アプローチの舞台が展開することになろう。ヨーロッパ連邦という超国家性への移行は、結局は挫折したが、それは地域統合という世界統合に比して小地域の統合のために、自発的に国家の属性の一部を放棄するには値しないとド・ゴールが考えたからであり、連邦主義アプローチの限界と理解することは適当ではない。また、ヨーロッパの統合という段階的な地域統合としてではなく、直接に世界連邦の構想であったならば、あるいは大きく展開していたとも考えられる。

連邦主義アプローチの担う役割は、地域統合におけるよりもはるかに広い世界統合においてこそ十分に発揮されるであろう。また、地域統合におけるよりも世界統合においてこそ、新機能主義アプローチの超国家性への移行実現の可能性は、より大きく期待できるであろう。かくして、一連の統合現象は地域統合理論としての各アプローチを総合的にあるいは補完的に活用することによって把握でき、かつ地域統合に必要な共通の価値や社会的心理という条件を除くことによって、世界統合理論としての有効性を十分発揮できるものと考えるのである。

ここまでの一連の地域統合理論の検討で、各アプローチは総合的にあるいは補完的に活用することによって世界統合理論としての有効性を発揮できるものと考えた。また国家間の相互依存関係がいかに進展しても、国際社会の現体制下においては、強い統合現象による超国家性へ移行することができないことを示した。そして、統合現象の中で最も重要なことは、国家主権を超える超国家性への移行過程であると考えた。すなわち、既存の民族国家の国際関係からその主権を超える超国家的な国際社会へいかにして移行発展させるかということであった。

一連の統合現象を完結させるためには、必要となるインパクトを与え得るような、政治的エリートの意思と能力を培うためにも、二十一世紀に生きる人間発想の転換が必要である。既存の宗教を見直し、新しい宗教を模索していく必要があるだろう。少なくとも共有可能な思想的基盤(価値観)を構築し、それを背景とした新しい人生観、新しい世界観(国家観、宇宙観を含む)を培い、政治的エリートの国家エゴを和らげ、現在の国際社会の相互依存関係から人類の共存共栄の関係へと人間発想の転換をはかることが緊要なのではなかろうか。そこで第二部においては、新しい思想的基盤の模索について検討することにしたい。

第二部　世界共有の思想的基盤を求めて

第一章　既存宗教の歴史と課題

一　宗教的紛争

原始宗教やギリシャ神話、ローマ神話などの伝承は、形を変えて、中東や西欧ではユダヤ教、キリスト教、イスラム教、アジアでは仏教、ヒンズー教、道教、日本神道など多くの宗教宗派へと発展した。今日では世界の三大宗教といわれるキリスト教、イスラム教、仏教が、世界各地の広い地域に普及している。古代において霊性の高い先覚者が、神のお告げを語り、あるいは倫理道徳を諭し、地域住民や民族の安心立命に供してきた功績は高く評価すべきであろう。

しかし、宗教に基づく弊害もまた大きく、異教徒間の紛争は至るところで繰り返され絶えることがない。特にユダヤ教、キリスト教、イスラム教は、いずれも中東から西欧へ広まり、近代国家が成立するに従い、いずれも地域や民族、国家間において、異端者を排斥することとなる。ついには宗教戦争さえひき起こしたのである。

聖地エルサレムをイスラム教徒の手から奪回しようとしたキリスト教徒たちの十字

軍、スペインのカトリック支配に対するオランダ独立戦争、フランスの王権をめぐってスペインがカトリック教徒を、イギリスがプロテスタントを援助したユグノー戦争、ドイツを舞台にした三〇年戦争。これらは宗教戦争の顕著な例である。特に三〇年戦争は、デンマーク、スウェーデン、フランス、スペインなどが干渉介入した国際的な大争乱であったことが記録に残る。このように不毛な戦争を数かぎりなく体験しながらも、人々は反省の色なく、今日においても地域紛争、民族紛争あるいは国家間紛争(戦争)は、ますますエスカレートしていることは遺憾と言うしかない。最近では、テロの続発に怯えている国も多い。

冷戦後の世界各地におけるおびただしい紛争の陰には、ほとんどの場合、宗教宗派の対立が潜んでいる。湾岸戦争では、イスラムと多国籍軍の対決という性格を、背景としたものだった。イラクのフセイン大統領はこれを、宗教感情に訴えながらアラブ対米、イスラエル、いいかえればイスラム教対キリスト教、ユダヤ教の戦争に変質させようとしたといわれており、その宗教的敵対感情は今も残っている。

また、「欧州の火薬庫」と呼ばれてきたバルカン半島では、ＮＡＴＯによるユーゴ空爆の事態となり、戦争が勃発した。これにより膨大なコソボ難民が隣国のアルバニア、マケドニアへ流出した。この紛争は、セルビア正教、カトリック、イスラム教の三宗派間の歴史的な確執によるものであった。さらに、同一の源流から発したユダヤ教、キリスト教、イスラム教の共通の聖地エルサレムでは、今なおその三宗教の争奪戦が繰り広げられている。

古代において倫理道徳を諭してきた宗教が、なぜ異端者を排斥し、敵視し、地域や民族間、国家間の紛争(戦争)を引き起こすまでにエスカレートしてきたのか。その主な原因は、宗教の教義に基づくその排他性にあるといわれている。次に検討してみよう。

二　一神教の排他性

宗教の教義(聖典・経典)は、いずれも後に開祖といわれる霊性の高い先覚者が神のお告げによる預言(霊言)や予言を伝え、その没後に弟子達が集録したものといわれている。そして、倫理道徳を中心にその地域や民族の風習あるいは国々の政策から次第に影響を受け、変遷してきた。今日では「神の声」とはほど遠いものとなっているのである。

例えば、新約聖書はキリストの没後数年を経て(別の説によれば五〇年後あるいは一〇〇年後に)、その弟子や著者達によって書かれたものである。三〇歳のキリストが一月の間に語ったこと、特に最後の一週間に語ったことをユダヤ教の教義に基づいてまとめたものともいわれている。そのキリストの言葉もしくは預言というものを、後に弟子や編纂者達が想像し、美化して綴った作品であると言えよう。主として苦難にあえぐ下層民を対象に倫理道徳を説くことを目的としたようだ。したがって、イエスの言葉には後述するように矛盾点が多く、その解釈もいろいろである。そのため、今日のキリスト教会では、聖書の歴史的真実性が疑問視され、イエス像が不鮮明になるにつれて、神との関係も次第に見失われやすくなってきている。

宗教家の善川三朗(よしかわさぶろう 1921-2008)は、キリストの霊言として「私(キリスト)は、神の一人子でもなく、いけにえでもなかった。光の天子達よ迎えに来なさいと言ったが、我が神よ、なんぞわれを見捨て給いし、とは言っていない。解釈の間違いである。処女懐妊論は誤り、後世の人が私を神格化するために考え出したこと。聖書は何度か書き換えられている。私イエス・キリストの教えも釈迦の教えもモーゼの教えもすべて一つ。私の弟子だったということではなくて、私の天なる父の弟子だったというべきでしょう」と「お告げ」を記していることは興味深い。

また、第二のルーテルともいわれているドレーバーマン神父は、一九九一年一二月二三日付の独誌『シュピーゲル』のインタビューで、イエス・キリストが聖母マリアから処女誕生したということは生物学的に不可能で、肉体を持った父親がいたはずだと述べている。また、処女降誕を含め、水をぶどう酒に変えるなど聖書に書かれているさまざまな奇跡の多くは、福音史家がイエスの生涯の偉大さを強調するため、古代オリエントで伝えられてきた偉大な王の伝説やギリシャ神話の内容を借用したこと、カトリック教会で聖餐式など礼典として守ってきた儀式が、本当にイエスが当時行い、伝統として守るよう命じたことかどうか疑わしいことなど、カトリック教会の教理の根幹を揺るがすような発言を行っている。ドレーバーマン神父は、深層心理学とキルケゴールの実存哲学を究めており、カトリック教会と現実の一般的宗教観がいかに遊離しているかを説いたのである。

これに対し、ドイツ・カトリック教会のデッケンハルト大司教は、一九九三年三月半ば、『シュピーゲル』誌のインタビューに登場し、伝統的なカトリック教義を力説した。また、この論争にはドイツ司教会議のカール・レーマン議長も加わった。『ジュートドイッチェ・ツァイトゥング』紙のインタビュー記事で、「処女降誕の否定など、ドレーバーマン神父の言っていることは何も新しいものではなく、現代の神学者が数年来指摘してきたことを鋭く単純化して表現しているだけだ。彼には科学者のような客観性は少なく、キルケゴールに強く影響された表現の巧みな宗教作家にすぎない」と反論し、神学論争はエスカレートした。

さて、宗教には一神教と多神教の区別がある。一神教とは、唯一絶対神を信仰する宗教であり、中東や西欧におけるユダヤ教、キリスト教、イスラム教などを指しており、今日では世界各地に普及している。一方の多神教とは、多くの神や仏を同時並行的に信仰する仏教、ヒンズー教、道教、日本神道など主としてアジアにおける宗教を指している。多神教は比較的寛容性に富み、異教徒を容易に包容するが、一神教は排他性が強く、異教徒を敵視して共存し得ない場合が多い。いずれの宗教もその地域や民族あるいは国の内部においては、人々の安心立命の手段となっているが、外部に対しては、特に一神教においては異教徒を排斥し、敵視し、ついには地域や民族間あるいは国家間紛争や戦争になってきた点が見逃せない。それはグローバリゼイション化しつつある今日の世界において異教徒間の摩擦を激増させ、紛争も多発して混乱を極めている。

たとえば、イスラエルとアラブ諸国との対立は、いずれもが異なる一神教を持ち、その神意による正義の実現という戦闘的平和観の伝統を共有していることに解決の困難さの根がある、といわれている。キリスト教世界の中では、戦争の抑止に役立っている信仰が、異教徒に向けられた戦争の場合には、厳しい憎悪と残虐なまでの戦闘性を駆り立てるのである。この点が、多神教である仏教やその他の東洋の諸宗教の場合と事情を異にしている。

宗教的または真理の確信者は自らの価値以外の価値が存することを認めようとしない。自分の価値基準に合わないものに対しては、人間としての取扱いを拒否することにさえなりやすいと、石田雄(いしだたけし 1923-)はその著『平和の政治学』において述べている。イスラム教の場合は戒律が厳格で断食や「目には目を」の応報刑など悪いことをしたら痛い目にあうという唯一の神(アラー)の定めを強調しており、「我以外に神なし」という絶対神への固い信仰は戦争の原因にもなり得るといわれている。「右手に剣、左手にコーラン」は、イスラム教徒の特徴を表した言葉である。因みにこの考え方は、メッカを逃れたイスラム教の開祖ムハンマドが教団を維持するために行った戦略からきているといわれている。

ムハンマドの死後の動向については川上高司の『国際秩序の解体と統合』(1995)に詳しい。これによれば、わずか二〇年でイスラム教軍は、シリア、エジプト、イラク、イランを征服していった。その宗教的裏付けとなった教義のひとつが聖戦(ジハード)の義務である。そして、全世界をイスラム化することが、イスラム教の究極の目標である。イスラム化した世界は「ダール・アルイスラム(イスラム世界)」と呼ばれ、まだイスラム化されず異教徒が支配している世界は「ダール・アルハルプ(戦の世界)」と呼ばれる。つまり、これから聖戦が行われなければならないというのである。イスラム教徒は聖戦に加わる義務があり、聖戦での戦死者は殉職者とみなされ、仮に生前どんな悪事を働いた者でも、必ず神の許しを得て天国へ行けると教えており、その教義に基づく殉教思想は西欧諸国で恐れられている。

さらに、ユダヤ人は宗教対立の果てに、ローマに対し、かつて二度の独立戦争を挑んだが、完全に敗退した。エルサレム神殿は徹底的に破壊され、ユダヤ人は各地に四散した。このようにキリスト教がユダヤ人を徹底的に迫害したのは、キリスト教社会のユダヤ人に対する憎悪軽蔑が淵源となっている。新約聖書ヨハネ伝福音書の八章では、ユダヤ人に教えを垂れた自分(キリスト)を十字架につけようとする汝らユダヤ人は悪魔の子であると断言している。キリスト教徒は、この言葉を聖書を通じて二〇〇〇年にわたって読み、聖職者はそれを人々に教えてきた。キリスト教徒は、悪魔なら退治しなければならないとユダヤ人を敵視してきたのである。この歴史的な悲劇もまた、教義による排他性が主因といえよう。

前述の通り、ユダヤ教もキリスト教もイスラム教も源流においては一つでありながら、自ら正当性を主張して容易に相容れないため、世界各地で民族紛争の名の下に闘争を繰り返している。その遠因ともいえる旧約聖書の舞台は、砂漠と荒野の中東の地域である。そこで生き抜くためには、鉄のような規律と民族の固い団結が不可欠だから、ヤハウェも曖昧な妥協を許さなかったためであろう。西欧人の唯一絶対神への信仰は、もともと西欧にあったものではない。西欧もかつては、ギリシャ神話やローマ神話のように多くの神々が信仰される多神教の国々であった。その神々を追放し、我こそ唯一絶対神なりと声高らかに宣言したのがヤハウェなのである。

しかし、時代の変遷とともに一神教の教義は神の声とはほど遠くなった。これに基づく排他性が、今日の地域紛争、民族紛争あるいは国家間紛争（戦争）の主な原因となっていることは、きわめて遺憾と言うほかないのである。

三　多神教の寛容性

多神教とは、仏教、ヒンズー教、道教、儒教、日本神道（古神道）など、主としてアジアに起きてアジアに普及している宗教を指している。ヒンズー教はその源をバラモン教に発しており、インド亜大陸固有の宗教である。仏教もまたヒンズー教に基づいている。仏教を例にとれば、その教えは、この世の真理を正しくつかみ、欲にとらわれた心を取り去れば静かな境地が訪れるというものである。すなわち人の業（ごう）によって悟りの境地に至らんとする教えである。仏教の経典は倫理道徳や哲学的思考により、人間の心（魂）を鍛えるためのものであり、一神教のように天にいます神の声には直接関与していない。

一神教の神が人間界とは別世界の天を住み家とするのに対し、ヒンズー教や神道などは、この世のあらゆる場所に神々を配し、山川草木に至るまで礼拝の対象にしている。そして仏教では、この世の真理を正しく悟った者を仏と称し、神と同様に仏も救い主ではあるが、一神教のように君臨するのではない。すべての草木石土の中に宿る霊性を通して神仏を見る思想といってもよい。したがって、神仏と人との関係で見ると、一神教の神は、人は人、神は神として一線を画しているが、仏教をはじめアジアの多神教の神仏は、人や自然と融合した存在なのである。

このことを日本の主な宗教についてみることにする。まず神道は自然発生的に起こり、生活に定着した宗教であり、神社神道と教派神道に区分されている。前者は、全国にある神社を中心とする地縁的な神道であり、後者は、教祖が神道的な教義を創唱して成立した神道である。いずれも神と人との関係において、祀らねばならぬものと、祭りを司るものとの関係を重視している。死を穢れとするが、先祖は祀るべき対象であり、祀られるべき霊魂をないがしろにしておくと祟るという意識を持っている。

そして仏教の伝来により神と仏はやがて相互依存関係を生じる。両者は互いに融合調和して、神仏習合といわれる状態に至ったが、明治になって政策として神仏分離が方針としてとられるようになり、廃仏毀釈の活動も一時的に見られたが、これは宗派の排他性とは別の事象と言うべきである。

また、日本の仏教は数多くの宗派に分かれている。中国の宗派が学派であるのに対し、日本の宗派はセクト色が濃厚であるといわれる。各宗派の宗祖は、それぞれの信念にしたがって仏法の神髄に迫ろうと努力したのであるが、時代を経るにつれて宗派としての体制維持に意を用いるようになって、セクト意識が台頭し、定着するようになった。代表的な宗派としては、天台宗(宗祖は最澄)、真言宗(空海)、浄土宗(法然)、浄土真宗(親鸞)、時宗(一遍)、日蓮宗(日蓮)、臨済宗(栄西)、曹洞宗(道元)などが挙げられている。

仏教宗派が大規模な紛争の主体となった歴史上の事実もあるが、それは例えば一向一揆のような権力との闘争、または「法難」と称されるような権力による抑圧であって、教義そのものにより他宗派を否定しようとする対立ではない。宗派間の対立もあったものの、政治色の強いものが多かった。

さらに、前述の伝統的宗教宗派に対し、新(興)宗教といわれる宗教宗派が、日本には明治維新以降に数多く台頭している。神道系(天理教、生長の家、PL教団など)、仏教系(創価学会、霊友会、立正佼成会など)、キリスト教系(モルモン教、エホバの証人など)、その他の諸教など、日本は宗教の花ざかりといわれ、実に多様性に富んでいる。

これらの新宗教で活躍しているのが、世界各地の古代民俗宗教にみられたシャーマン(巫者)の系譜とも見られ、霊能者とも呼ばれる聖職者たちである。人界と霊界のなかだちをする。これらのシャーマンに降りる霊界からの伝達内容で共通していることは、その教団の方向や信仰に対する神の指図が下される点である。この意味から新宗教のシャーマンは、しばしば生き神とされる。シャーマンについては、第三章において改めて検討することにしよう。

第二章　宗教統合運動の問題点

一　バチカンの世界戦略の転換

前章で述べたとおり、既存の宗教の教義は、霊性の高い先覚者といわれる開祖が、神のお告げを語り、倫理道徳を説いた教えが元となっている。モーゼに垂訓したヤハウェの神、キリストの父なる神、ムハンマドのアラーの神などは、いずれも一つの、天にいます同一の神と考えるべきであろうと思われる。しかし、モーゼもキリストもムハンマドも、その教えはそれぞれの名の下に、その没後にその高弟達によって教典として普及してきたものである。したがって、既存の宗教は当初においては、神の意向が充分反映していたものと思われるが、その高級門弟達による教義作成の段階において、それぞれの地域やその時代に適した倫理道徳や風習を規律し、教義化したものへと変化しているのである。これらの三宗教は、一神教であるため、源流において同一でありながら、互いに排斥し、敵視し合う関係に陥りがちだった。地域や民族、国家間において、絶えず紛争や戦争の火種となり、「紛争の陰に宗教あり」といわれるまでに至っている。

そのような宗教宗派の対立激化に対して、教会の崩壊を示唆するファティマの第三の予言が浮上してきた。すなわち、一九一七年五月一三日ポルトガルの小さな村ファティマでの聖母マリアが再臨し、その啓示を受けたという三人の少女の一人、ルシア(Lúcia de Jesus dos Santos 1907-2005)が、啓示の内容を綴った書簡をバチカン法王に送ったのである。それを読んだローマ当時の法王ヨハネス二十三世は、その内容に驚愕。これが公開されることを恐れて、一九五九年に同書簡を封印した。それ以後、「ファティマの予言」は今日までバチカン法王庁内に保管されているものである。

ファティマの予言が世界に関心を呼んだ背景には、同予言が「神を否定する共産主義が出現し、世界を赤化しようとすること、世界大戦が勃発すること」などをずばり言いあててきたからであるという。問題はこれまで公開されていない「ファティマの第三の予言」の内容である。神学者の中には「第三の予言は世界の終末を克明に記している」という推測もある。共産革命が終焉した今日でも、バチカンは依然として第三の予言の内容を公開することを躊躇している。それはなぜか。ドイツ神学者の中には

「ローマカトリック教会を含む既成キリスト教会の崩壊を予言していたからではないか」という意見もあるという。

このような崩壊の予見は決して一部の神学者だけのものではない。フランスの日刊紙『ル・モンド』も「カトリック界の崩壊の危機」という記事を一九九二年一〇月二二日付で掲載している。カトリック教会は今日、途上国の宗教といわれているように、先進国では信者離れが急速に進む一方、教勢が伸びているのは南米諸国やアフリカの途上国だけである。したがって、カトリック教会内部では、改革を叫ぶ聖職者や神学者が後を絶たず、ついに『新カトリック公教要理』の出版となったのである。しかし、カトリックの教義は、世俗化する現代社会の挑戦を受けて無力化する一方、本来の霊的活力は喪失しているという。

カトリック教会の現状は「ファティマの第三の予言」が「カトリック教会の崩壊」を予言していたという推測が決して空論ではないことを物語っている。と同時に、土着の宗教が色濃く残る南米諸国やアフリカで教勢が伸びていることは、それらを正面から排斥することなく、融和的布教を行うようになってきた結果、とも言えるだろう。カトリックのこの傾向は、古くはドルイド教のケルト文化を残したままキリスト教化した中世のアイルランドの例などに見ることができる。

そのような事情のもとで、バチカンは一九六二年の第二バチカン公会議で布教方針の大転換を決定している。この会議ではバチカンは、史上初めて異端者であるプロテスタント、正教会をはじめ、ユダヤ教、イスラム教、仏教という諸宗教を「神のつくったもの」として認め、幅広く対話を求める政策へと転換した。以前のように宗教はカトリックしか認めないとする考え方からの大転換である。さらに、宗教の中で最大なものであるプロテスタントとの統合、ユダヤ教とイスラム教との連合を企図する考え方を打ち出し、仏教やヒンズー教などに対しても可能な限り対話することとしたのである。

二　宗教統合運動

バチカンのカトリック教会が布教方針の転換を決議してから四半世紀。一九八七年に「比叡山宗教サミット・世界平和の祈り」が始まった。比叡山の開創千二百年を記念する行事の最大のイベントとして企画され、現在も続いている。

この宗教サミットは、日本宗教代表者会議が主催して、第一回は京都宝ヶ池プリンスホテルと延暦寺で開催された。日本からは仏教、神道、キリスト教などの諸団体の代表者など五〇〇人以上が参加し、海外からは仏教、キリスト教、イスラム教、ユダヤ教、ヒンズー教、シーク教、儒教の七宗教の代表的指導者、十八ヵ国二十四人が参加した。日本の比叡山が、世界の諸宗教の一致協力に向けて、意義深い出会いの集いを催したのである。

山田恵諦天台座主(やまだえたい 1895-1994)は、聖徳太子と最澄の精神を振り返りつつ「全世界がすべてを話し合いによって議論を尽くし、現実を処理する方法を講ずるよう仕向けたい。それには世界のすべての人が、平和を祈る心で充満させる以外に策はありません」と呼びかけている。その後も己を忘れて他を利する慈悲の精神をもって世界の諸宗教の一致協力を訴えている。これは宗教の統合への胎動ともいえよう。

一九九九年、韓国・ソウルで元国家元首ら約九〇〇人が参加して「世界平和超宗教超国家連合(ＩＩＦＷＰ)」の設立大会が開催された。創設者の文鮮明(ムン・ソンミョン 1920- 韓国)は、その基調講演において、冷戦終結後も絶えない民族紛争の背景に宗教間の根深い葛藤があることを指摘し、宗教間の対話と和合の重要性を強調した。世界平和の理想に貢献する国際組織は、世界の偉大な宗教的伝統との関係を再検討すべき時が来ていること、国連の世界平和実現の努力も限界を迎えており、世界の政治家と宗教指導者が国連を中心にして互いに協力し、尊重する関係が切実に必要な時が到来していることを語った。

さらに国家的、文化的なアイデンティティの根底に存在する宗教の側からすれば、今こそこの世の中で、真の指導力を発揮する時を迎えていると主張した。そして、国連を改革して既存の国連を各国の利益を代弁する下院とし、著名な宗教指導者と文化界、教育界など精神世界の指導者達によって、宗教会議あるいは上院を構成する両院制の設置を提唱したのである。

また、一九九九年ワシントンで、IIFWPと世界大学連合(WUF)共催の国際セミナーが開かれた。全世界五十一カ国から集った現国連大使、国会議員やルーペンシュテイン・ブリッジポート大学学長を含め、二〇〇人以上の政治宗教学会の指導者が文鮮明の説教を通じて、家庭から世界平和に至るまでのあらゆる問題解決を追究した。その中で、文鮮明の霊界に関する教えが示され、これを補足する形で李相軒(イ・

サンホン1913-1997 韓国)による「霊界からのメッセージ」も訓読されたことは示唆的であったといえよう。

そして、閉会の挨拶では、コソボ、中東、アジア、アフリカの一部など世界には余りにも多くの紛争があり、その原因は単純ではないこと、しかし、政治家は紛争の精神的、道徳文化的背景に疎く、宗教家は逆に政治的現実の評価に欠け、学界はそれ以上に政治、宗教界から距離を置いていることに問題があると指摘した。政治・宗教・学界が共同で対処してこそ、完全な解決が生まれると訴えたのである。そして、統一教会としては、宗教、政治、経済、思想、芸術の各分野で宗教の結束を訴え、その後も活発な統一運動を展開している。

三　宗教統合運動の限界

以上のとおり、宗教の統合運動が胎動するまでに至り、多くの宗教宗派の代表者や政治家、神霊学者らが一堂に会して宗教統合への方向を目指していることはまことに素晴らしい。しかし、前章において述べたとおり、一神教の排他性は常に紛争や戦争の重大な原因となってきており、これらの宗教宗派を統合することは、あたかも水と油を混合するようなもので、統一的な教義を作成することは今さらながら到底できることではない。仮に、総論において宗教の一致協力に賛成しても各論においては、互いに相容れず、反対が唱えられることは火を見るよりも明らかである。したがって、既存の宗教を統合することは不可能と言わざるを得ない。これらの伝統的宗教は、二千年あるいは三千年の間にそれぞれの地域や国々に適合した、あるいは適合させられた教義に基づく「固定化された」宗教だからである。

世界の三大宗教は一般に世界宗教とも称されているが、いずれも地域に根ざして発展してきたのであるから、やはり地域的宗教である。これらの既存の宗教は、それぞれの地域や国々において大きな社会的役割を果たしてきたが、国際化と情報化の趨勢によって今日の地域社会や国際社会においては、宗教の安心立命という本来の使命を果たすことが、むしろできなくなっていったのである。

その最たる実証例が、世界各地で現に続出している宗教に基づく地域紛争、民族紛争あるいは国家間紛争(戦争)である。また、多神教といわれるアジアの諸宗教は、中東や西欧の一神教に比べて寛容性に富み、異教徒の敵視はあまり見られないが、各宗派は体制維持のため、セクト主義に陥っており、宗派間の多少の確執が避けられない。したがって、これらの多様な宗教宗派を統合することは、至難のわざであり、いわんや一神教との統合を企図することは全く不可能といわざるを得ない。

それでは、既存の伝統的宗教である一神教や多神教の宗教宗派を統合することが不可能とすれば、地域に深く根ざして個別化し、固定化する以前の段階の宗教の共通性に着目すべきではないだろうか。

そのヒントは、第一章の多神教の寛容性において述べた新(興)宗教の主軸となって活動しているシャーマンにあるかもしれない。すなわち神仏や霊界との交信をしたり、神意を伝えたり、病気治療や祈祷を行うなどにより、生き神とさえ尊敬されることもあるシャーマンについて研究し、新たな統一的世界的宗教に代える「共有の価値観」を打ち立てて世界の恒久平和の基礎とすることはできないだろうか、次に検討してみたい。

第三章　魂の存在

一　沖縄のシャーマン(ユタ)の霊魂観

現代のシャーマンといえば、シベリア、モンゴル、南米などをはじめ世界各地いたるところに生存し、活動しているが、特に沖縄のシャーマン(ユタ)は有名である。日本の民間信仰やシャーマニズム(Shamanism)の研究で著名な桜井徳太郎(さくらいとくたろう 1917-2007)によると、沖縄の社会には、宗教的機能を担う者として女性司祭者の祝女(ノロ)、根神(ニーガミ)及び神人(カミンチュ)などといわれる民間共同体の公的な役職にある者と、シャーマンとして霊能者の役を担うユタがいる。

前者は、主として御嶽(ウタキ)や城(グスク)など、聖所や拝所などでの宗教的行事に従事している。これに対し後者は、地域によってはムヌシリ(物知り)と呼ばれているように、ものやことの真理に通じた者として、共同体の個々の家や家族に関する人生相談を始め運勢や吉凶の判断、禍厄の除災、病気の平癒祈願など、民間の私的な呪術信仰的な領域に関与している。そして、前者は聖地に鎮座する祭神の司祭にあたり、一方で死者の儀礼や死霊供養などは後者が行ってきた。

いわばノロとユタは沖縄の精神世界に関する社会的役割の分業をしていたことになる。ところが、琉球王府は宗教統制を徹底させ、中央集権的体制の効果を精神的、思想的面から確立しようと試み、官制的祝女組織を強制した。このため、民間の呪術的信仰を担ってきたユタは、極端に弾圧されるようになった。いわゆる「ユタ狩り」である。そしてこの排斥運動は、明治初年の廃藩置県後のヤマトゥユー（日本の一県としての時代）、戦後のアメリカユー（米軍統治時代）にも引き継がれたのである。

しかし、ユタ達は、厳しい弾圧にも拘わらず、機を見ては社会の表面に躍り出て、民衆の要望に応えるかたちでその勢力を盛り返してきた。そして沖縄県下の大部分の市町村で、今でもユタの活動が見られるのである。ユタ達が、このような強靭な基盤をもっていた背景には、ユタ自身が不屈の信仰心を有していたというほかに、それを受け入れる民間に、強烈なユタ信仰が潜在していたことが指摘できる。

ユタが民間生活に関与する側面はまことに多方面にわたっている。特に顕著なのが死者儀礼の関連である。死者の埋葬から死霊の供養、さらに祖霊祭祀にいたるまで、死の儀礼を通じて、ユタは民間社会との関係をもっており、桜井徳太郎は、その実態に触れて、沖縄シャーマニズムの世界に展開する死霊観、他界観、霊魂観を明らかにしている。

さて、ユタの存在が人々から要求され、その価値を認められているのは、凡人にはなし得ない魂に関わる役割を社会が必要とするからである。たとえば霊界のすがたや動きを見透かすことのできる、超自然的な能力の所有者であると認めることにより解決できる問題があると考えるからである。そういう特殊な霊能力を持ち合わせているといわれる霊媒者のもとへ相談に行く(いわゆる「ユタ買い」に行く)のはなぜか。それは、ユタがその霊能力を利用して、個人や家族あるいは共同体の構成員の吉凶禍福を予見したり、難病危難の原因を明らかにして、それを除去したり、あるいは実際に病気が治ったり、健康保持のための摂生や養生を説いたり、時には物質的繁栄までも指示伝授したりして、幸運招来と密着する現実問題にまで具体的・明示的に立ち入って関与するからである。

沖縄の社会では、一般に人間の体内にはマブイ(霊魂)が宿っていると観念されている。そして、人間の生存中のマブイをイチマブイ(生霊)あるいは単にマブイといい、死後に存続するマブイをシニマブイ(死霊)といって名称を区別している。このマブイが体外へ遊離すると、本人は病気にかかったり、事故に遭ったりするので、その脱出遊離したマブイを元の体内に呼び戻すためにマブイグミ（魂籠め）という巫術を施して、死や病災から逃れるようにする。

マブイが体内から脱出したこと（マブイウティまたはマブイヌギという）が確認されると、今でも古老たちは、医師の診断を求める前に、あるいはそれと並行して、脱落したマブイを再び体内にとり戻すためのマブイグミの巫術を行う。その手順の第一は、まずマブイの落ちた箇所をユタの判示で明かすことである。次に実際にユタがマブイウティの現場に赴き、招魂の巫術を施す。それから、その地にある小石を拾い採り、病人の着物に包んで持ち帰り、食事中の病人の幼名を三回呼びながら、病人の懐の中に入れ、胸に抱かせる。

この場合、脱出した病人の霊魂を、落とした場所の石塊に具体的・明示的に象徴させているのである。このマブイグミは、以前はいずれの家庭でも広く行っていた民間医療的巫術であった。しかし、今日においては、社会の合理化が進み、かつ近代医学の急速な進歩普及などによって、マブイグミの慣習は消滅しつつある。都市生活の中では無意味な迷信として軽んずる空気が強まり、若い世代からは無視される傾向にあるが、ユタを中心とする在来の伝統的な霊魂観は、依然としてここに明確に存在している。

また医学博士(東京大学)・臨床心理士で精神医学・家族療法学の学習会を主宰している又吉正治(またよしまさはる 1947-)は、その著『霊魂とユタの世界』において、マブイとは一般に祖霊とか霊、あるいは霊魂を意味すると述べている。同書によれば、

(一)人間は身体とマブイの両者があってこそ人間たりえる
(二)マブイは人間の体から遊離、脱出することができる
(三)マブイは不死不滅である
(四)マブイが体から脱けると病気になってしまう(マブイウティ)
(五)病気を治すにはマブイを体に込めなければならない(マブイグミ)

と、マブイの基本的性質を定義している。そして、マブイの概念とその理解は、近代科学、医学にも通じるものであるということ、しかも治療の側面では、現代医学より有効である要素もあると述べている。

さらに、同志社大学神学部を卒業した敬虔なクリスチャンでありながら沖縄の土俗宗教を研究している友寄隆静(ともよせたかしず 1947-)によると、ユタ全体に共通す

る点として挙げられることは、神観が一神教ではなく、多神教であることだという。古代の井戸、支配者の住居跡、山、海、火、木、土、月、太陽に至るまで、これらは皆神々の領域である。祖先も神である。

ユタの守護神は大体において男系の祖先のように見えるが、中には女性の守護神もいる。各々のユタの守護神には位の高低があり、この世に存命した時代にも差がある。大昔の部落時代を生きた祖先神よりも、明治前後に実在した人々よりも、王制が敷かれた封建時代の支配者を守護神としている場合が多い。そしてユタ同士は、自分の拝む神こそ比類なき神であることを誇示している。にもかかわらず多神を容認する点では意見が一致していると友寄は述べている。

二　宗教学者および霊感の強い人々の霊魂観

湯浅泰雄(ゆあさ　やすお 1925-2005)は、その著『宗教と科学の間』(1993)において、「無意識には補償機能の働きがある。これは意識が一面的に偏った態度をとっているとき、無意識がそれに気づいて、夢などの形で意識に対してメッセージを送る。

それではいけないからこうしなさいと無意識が意識に対して警告している。無意識の中に補償機能が備わっているということは、理論的にいって、合目的的な働きがそこに潜在していることである。生きていく上で、目的にかなった方向を教える働きが、人間の心身には潜在している。つまり、人間のあるいは生命の生き方に対して、適切な態度をとるように教える働きが、無意識としての魂の内部には本来備わっているというわけである。」と述べ、人間の意識の根本に魂が存在することを暗示している。

また、ウィルソン・ヴァン・デュセンは『霊感者スウェデンボルグ』という著書の中で、科学者から転向、夢の研究、霊の研究を行い、霊感者となり、魂の発見に努めたこの二〇〇年前の人物の業績を、次のように記している。そのスウェデンボルグ(Emanuel Swedenborg 1688-1772 スウェーデン)は、「人間の二つの根本的な性質は、ものを理解することと意思することである。この二つの人間の心の働きは、魂あるいは霊魂の働きであり、それは生命の働きにほかならない。霊魂は生命と同じもの。人間は肉体の中で動く生命であり、霊魂である。肉体は霊魂がこの世に姿を表し、この世という自然的世界で行動するために必要な道具である。また、魂は人間の生命そのもの。魂は肉体の中にある内なる人間であり、この世では魂は肉体を通じて行動し、肉体に生命を与えている。この人間は、肉体から解放された後は、精霊と呼ばれることになる」と『天国の秘義』において述べている。

さらに、那須聖(なすきよし 1916-1996)にはその著『人間の正体と霊界との関わり』において、概ね次のように述べている。神による人間の創造は、肉体的な面と霊的な面の両方にわたっている。このうちでも霊的な面が人間の主体であって、肉体よりははるかに重要である。ところが、過去三〇〇年間に実証科学が全盛となり、霊的な問題、霊的な側面のことになると、それを幻覚であるとか、錯覚であるとして否定する傾向が強くなった。人々の中には、神が科学的な方法で捉えられないから、神の存在を否定するという人もいる。こういう科学絶対主義者は、神は人が考え出したもの、人間の思考の産物だという。これはもう取り返しがつかない傲慢な態度というべきで、いつまでたっても神や霊は言うまでもなく、人間そのものを理解することができないのではないだろうか。

また、これに続けて那須は、人間は霊なる神がその息を吹き込んでできた霊的側面が主体になっていると考えれば、これを疎かにしたのでは、いつまでたっても人間が分かるはずがないことになる。人間は肉体と霊が結合しているといっても、この両者が同格で合体しているわけではない。人間は死ぬと肉体は朽ちてしまうが、霊の方は、霊魂不滅といわれるように、永久に生き残ると捉える。霊の方が人間の主体であって、肉体は霊が地上で生活している間に着用している衣服のようなものにすぎないのである、と述べる。この那須聖の言説を重く見たい。ここに宗教の違いを乗り越えた共通の価値観を見出すための基本的な理解が生まれるからである。

最後に、霊について多くの著作のある隈本確(くまもとあきら 1932-)がその著『大霊界』において述べている内容を引いてみよう。隈本は、人間の無意識という理性の彼方に広がる心の秘境に棲む魂は、たいへんデリケートで、人間の無意識の世界からの影響を非常に受けやすい、という。私たちが人を憎んだり、ねたんだり、傲慢、横柄、高ぶりなどの悪い想念を無意識のうちに持つと、その想念はすぐさま無意識の世界に棲む魂に染みついて、魂は輝きを失い、汚れすさんでいく。万物の霊長たる人間として、どんなにすばらしい理性・知恵の力を持っていたとしても、無意識の世界にいろいろな悪想念をこびりつかせていくと、魂の霊質はどんどん荒れて、低級なものになってしまう。要するに、自分の無意識に注意を払えない人、自分の無意識を管理しきれない人は、魂の棲む環境を整えることができない人ということである、と述べている。

ここでは、無意識の世界における想念管理の重要性を説いているが、もちろんこれらの説は、無意識の世界に棲む魂の存在を前提にしている。それでは、この魂は肉体のどこに住んでいると理解すべきものだろうか、次に検討してみよう。

三　脳と魂の関係

これまで、心、魂、霊などの言葉を漠然と使用してきたが、その魂(心)は人体の何処に存在するのかとの疑問が出てくることは自然の流れであろう。脳と心の関係は、科学者の間でこれまでよく論じられているが、心は脳の働きであるとする説と、心と脳の働きは別であるとする説に分かれている。著者は次の科学者や霊に深く関わる人々の論じるとおり、心と脳の働きは別であり、しかもその心(魂)の存在する位置は脳ではなく胸であると理解するのである。

著名な脳生理学者ペンフィールド(Wilder Penfield 1891-1976 カナダ)は、その著『脳と心の正体(The Mystery of the Mind)』の中で、「心はそれ自体基本的な要素と呼ぶべきものである。霊とか魂とか呼び方はいろいろあろうが、要するに、心は実体のある存在なのだ。脳は意識にとって、外界との仲立ちをつとめる器官、より正確には最高位の脳機構が、脳の他の仕組みと心との間のメッセージ伝達器官の役目を果たしているということができよう。心はその活動を最高位の脳機構に依存してはいるが、独自のエネルギーを有する。それは神経繊維を伝わる電気的エネルギーとは異なった形のエネルギーである。脳の神経作用によって説明するのは、絶対に不可能だと私には思える。」と魂について語っている。

ペンフィールドはこれに続けて、「また、私達の心は、一生を通じて連続した一つの要素であるかのように発達し、成熟する。さらにコンピュータ(脳もその一種である)というものは、独自の理解力を有する外部の何物かによってプログラムを与えられ、操作されなければならない。以上の理由から、私は人間は二つの要素から成るという説を選択せざるを得ないのである。人間は誰しも自分の生き方と個人的信条を自分自身で選ばなければならない。これは科学の助けを求めることはできないのである。私も長い間自分の信条を持ち続けてきた。そして今、科学者もまた誰はばかることなく霊魂の存在を信じ得ることを発見したのである」とも述べ、心、魂あるいは霊の実体ある存在を主張している。

また、野村健二・恵美初彦共著『霊界を科学する――科学と体験からみた霊界の法則』(1996)から拾ってみよう。ノーベル賞受賞者の意見として、人間は脳で考えるのではない、脳はコンピュータのようなもので、心という目に見えないプログラムが別にあって、脳を操っている、とある。このように肉体と別の心(魂)があり、それが、死後も残るという証言は数多くある。この生身の体とは別の体のことを心霊科学では幽体、神智学ではアストラル体・メンタル体などと呼ぶ。統一思想ではこの有形的側面のことを霊体と名づけ、心をも伴わせて全人格を表現するときには霊人体と呼ぶ。この霊人体に霊的五官が備わっていると見られている。

肉体面では、心停止などでいったん死と判定された後に蘇生した者の体験(臨死体験)の科学的研究の著しく進んでいること、また、心は物質である脳自体の機能ではなく、可視的ではないが、脳と相互作用していること、脳とは独自の存在であると考えざるを得ないということを、ペンフィールドやノーベル賞受賞者エックルス(John Carew Eccles 1903-1997 オーストラリア)などが、認めるようになってきたことが語られている。すなわち、心(自我・霊魂)の死後存続の学術的知見が見出されてきているのである。

複雑な仕事を自動的にやってのける一種のコンピュータが脳であり、心と脳の接触が絶たれても、そのコンピュータによれば、心不在のまま自動的に行動することができる。しかし、その間意識はなく、新しい論理による決定は一切できず、それに基づく記憶をすることもできない。したがって、意識、決断、意図的な記録などという機能は、心に属するものであって、脳の機能ではない。その外、ユーモア感覚、美に対する感動、満足、愛、哀れみ、こういったことはすべて心の働きに属するものだという。

さらに、スワミ・ヨーゲシヴァラナンダはその著『魂の科学』において、人間の心身を、(一)食物鞘　(二)生気鞘　(三)意思鞘　(四)理智鞘　(五)歓喜鞘の五つの階層に分け、その機能の役割と霊的意味を説明している。意思鞘と理智鞘は頭部に、その他は胸部(心臓)に位置している、とする。ここでは魂を、「真我」と呼ぶ。自分自身は、魂と身体から成ることを信じ、心臓の内奥に潜む絶対者ブラフマンを崇拝せよという。つまり生命原理は心臓に宿っていると述べ、続いて食物鞘を越えて、さらに生気鞘、理智鞘を超えていけば、ついに「心素」がその中に納まっているところの歓喜鞘に行き着く。歓喜鞘の内部に入っていけば、心素が拡がっており、その心素の中にこそ

「真我」が宿っていると述べている。ここでは魂が胸に宿ることの説明を試みている。

この章の最後に、『大霊界』(1985)において隈本確が述べていることを補足しよう。魂とは、もう一人の自分、肉体としての人間である私達から完全に独立した不滅の意思体である。人間の無意識の中で息づき生活している魂は、人間の肉体を媒体として、この世と霊界の双方と接触を保ちながら、成長していく。恋をして胸が痛んだり、親しい人の死にあって胸が張り裂けるような想いをしたり、また胸をかきむしられるような悔しい気分になったことはないだろうか。これらの感情はすべて頭脳(知識の世界)から生じたものではなく、心(想念の世界)が生んだものである。

人間は五感で感知し得る第一世界と、外から見ることのできない想念(心)の第二世界を持ち、さらにそのような存在である人間が、すっぽりと第三世界ともいえる霊界に包含されて生活している。人間は誰でも自己の胸の中に神の領域である精神世界を持っている。人間はこの胸の世界でいかなる神霊とも超神霊とも宇宙エネルギーとも交流することができる。人間は頭で考えること、体で動くこと、心で想うこと、この三つの要素で毎日の生活をしているが、現代人は心よりも頭が先行しているようである。これが隈本確の論旨である。

ところで、科学者は魂(心・霊)の存在をほとんど認めていない。人間の心は脳の働きによるものとしている。大学教授が魂(心)や霊の話をしたら即刻異端視され、精神世界のことにふれることはタブー視されていた。しかし、最近では脳のほかに魂(心)というものが存在することを認める科学者も出ており、学問研究の範疇がさらに進んで、非科学的といわれてきた精神世界を研究する学者も増えている。

天外伺朗はその著『ここまで来た「あの世」の科学』(1994)において、この世とあの世の関係を物理学、数学の学識と、仏教の教義や東洋哲学の知識を駆使して仮説を立て、科学的アプローチを試みている。そして、人の魂の存在することやあの世(暗在系)の存在するはずであることを強調している。しかし、天外伺朗のいう暗在系は、人の魂(心)が肉体に包まれている間の精神世界のことを語っている。精神世界のもっと奥に存在すると思われる霊界、つまり人が死んで行くところの霊の世界、いうところの霊界についてはふれていない。

さて、前述のとおり、沖縄のユタをはじめシャーマンは、今も世界各国いたるところに存在し、霊界を語って人を導いている。宗教の創始者やその弟子たる専門家などはほとんど、このような人の魂の存在についての前向きな議論を認めており、文献や記録にもその考えを残している。最近では臨死体験など霊界の話題が日本ではマスコミにしばしば取り上げられ、オカルト(神秘的な不思議)や超常現象などについてのテレビ番組が視聴率を稼ぐという。先年、俳優の丹波哲郎が映画を制作して、真剣に魂や霊界の存在を大衆に訴えたことはよく知られている。

それでは、霊界は果たして実在するのだろうか。これまで検討してきた魂は、死んだら一体どうなるのか。「霊能者の体験記」や宗教学者や神霊学者の研究などに基づいて、普通凡人には五感で感知することのできないあの世、いわゆる霊界の諸相について、次章においてさらに探索することにしよう。

第四章 霊界の認識

一 研究者の著述に見る霊界

まず、『死後の生』(1993)という書籍の紹介から始めよう。著者のジェフリー・アイバーソン(Jeffrey Iverson)は、死後の生には一般に考えているよりはるかにたくさんの証拠があり、今ではそうした証拠から新しい科学、心の科学が必要だという信念が生じている、と本書で死後の世界についての考えを開陳している。また、死期の迫った人が「あの世」から自分を迎えに来た」「家族や友人の幻を見た」とする報告例は多い。これらの患者はたいてい二十四時間以内に亡くなっているという。人の魂がすでに地上にある間に、別の世界にある魂と絶え間なく交信している、とも述べている。

一方、心理学者の宮城音弥(みやぎおとや 1908-2005)は『霊 - 死後、あなたはどうなるか』(1991)という著書の中で「死後の世界はあるか、霊はあるかという問題に対して、我々の立場からすると、やはり科学的に答えなければいけないわけで、科学としては、経験的に証拠をつかまえることが必要であるから、霊というものがあって、それが何らか我々に効果を及ぼしているという証拠が得られれば、そういうものを仮定することができるわけですね。直接観察することができなくても、電気という実体が分からなくても、我々は電気による現象を見て、それで電気があると思っているわけですから、それと同じように、霊というものは、直接とらえることができなくても、我々が何らかの方法で霊の効果を測定できれば、霊の存在を仮定することができると思います」と述べている。

宮城はここで「クロース・コレスポンデンス」という霊魂の存在の証明方法を紹介しているので、これに触れておこう。「クロース・コレスポンデンスとは、Aという霊媒者に死者を呼び出させ、『あなたが他の霊媒者に呼び出された時、こんなサインをしてくれ』と頼んでおく。Bという霊媒者が、そんなことを全く知らされずに、その死者を呼び出した時、そのサインをするかどうかという方法である。この方法によって、霊能者ヴエラール夫人を中心として行われたものが、成功例として発表されている」と述べられている。

友寄隆静は『なぜユタを信ずるか』において「霊界といわれる死後の世界は存在す

る。すなわち、霊界は神界・仏界・幽界に分れており、成仏した霊魂は神界・仏界へ移されて現われないが、この世に執着を持っている霊魂は、成仏することができず、一番低い幽界にいるので、この世に現われて、彼等が子孫などにシラセとして障害を与える。この幽界の霊魂と交流し、その要求を聞き、彼等に悟りを得させる使命を持った者が霊能者たるユタである。霊界を肯定し、死を甘受する人が、この世においても悟りの境地に入り易いのに比べ、霊界の存在を否定し、信仰者を嘲る無神論者や唯物主義者は、物欲やこの世への執着が強い上に、死そのものを理解できず、迷いの中にある。このような人々が多いために、子孫のみならず、ユタまでも苦しまなければならない。ユタはまさしく霊界の使者である。そしてウグヮン（御願＝拝む＝祈り）こそは、霊魂を成仏させ、汚れた場所を清める力であり、これを執行できるのは特定の選ばれた人すなわちユタである」と述べている。

それでは、霊界には何らかの段階があるということだろうか、霊界は一体どのようになっているのだろうか、霊界全般に通じるという「霊能者」の霊界探訪記により霊界のしくみやその機能などについて、さらに探究することにしたい。

二　霊界のしくみとその機能についての記述

(1)スウェデンボルグの霊界探訪記

那須聖著『人間の正体と霊界との関わり』によれば、人の中に宿っている霊は、その人が死ぬ時に、肉体から抜け出して、まず精霊となって精霊界へ入り、ここにしばらく止まった後、最終的には霊となって、狭義の霊界、つまり霊が永久に住む世界へ入っていくらしい。霊の世界は、一般に二つに大別されている。一つには通常天国と呼ばれているもので、もう一つは地獄である。天界や地獄の全貌はどうとらえられているだろうか。

スウェデンボルグは何度も霊界へ行き、そこにあるさまざまな町や集落を訪ね歩いただけでなく、いろいろ異なる階層の霊と会話をしてきたという。このことは、彼の著書『天国と地獄』に詳しく書かれている。このほかに臨死体験で天界を見てきた人やいわゆる霊能者と呼ばれる人々で、天界を見てきた人や霊と話をした人たちの体験記などがある。しかし、これらは天界の片隅をちょっと見ただけでのようで、天界の様子の記述という意味では貴重な資料であるが、それだけから天界全般を推し測ることはできない。天界の概要を構造的に記述した例としては、現在のところスウェデンボルグの『天国と地獄』の右に出るものはないようである。

スウェデンボルグによれば「天界の太陽は常に人の胸の高さぐらいのところに在って、昇ることもなければ、没することもない。天界の太陽も熱と光を出しているが、そのほかに霊流と称するものを出している。天界の太陽は万物の創造主である神である。そしてその太陽が出す光は神の真理であり、熱は神の善である。その光は地球上の真昼の太陽の光よりも数倍強いけれども、これは肉眼で見るものではなくて、霊眼で見るものであるから、少しもまぶしく感じない。天界の太陽の出す熱は霊たちに生命を与え、光は天界を照らし、霊にものを見せたり、考えさせたりする理性の基礎になり、霊流は天界全体に放たれていて、天界の秩序を保つ一方、霊の能力の基礎になっている」そうである。

スウェデンボルグはさらに天界を三つの層に分けて説明している。「天界の各層では、霊たちは部落や村落や町などを形成して住んでいる。太陽の光と熱と霊流は、上層天界が最も強烈で、中層天界、下層天界へいくほど弱くなる。上層天界には、大きな宮殿とそれを取り囲む町があるが、宮殿といい、その庭園といい、建造物といい、とてもこの世のものとは思えないほど美しい宝石や金のようなものでできている。宮殿の内部の装飾も言語に絶するもので、ここに住む霊たちは、その壮大な美を楽しみながら幸福のうちに永遠の生を送っている。宮殿を取り囲んで建てられている霊たちの住宅もまた美しく、秩序整然としている。そして、ここにはイエス・キリストや釈迦の霊が住んでいる」

また、「中層天界、下層天界の建造物も美しく豪華であるが、上層天界のそれには及ばない。集落や町は性格的に極めて類似し、共通した点をもった霊たちだけを受け入れて、一緒に住むようになっている。これら三つの層の上にもう一つ神界と呼ばれるところがある。ここは万物の創造主である神のいますところで、他の霊はいかなる霊も入ることは許されない。霊界には言語というものはない。肉体の束縛を脱した霊は、その本来の姿に戻り、偽りのない自分の姿を現わすようになる。そして、自分の考えたことが、そのまま顔面の表情となって現われる。相手の霊は、それによってどの霊が何を考えているかを直ちに察知するという。こうして顔を見合わせただけで対話ができ、意思の疎通がはかられる」というのである。霊能者と呼ばれる人たちは、天界にいる霊の意思を聞きとることができるが、一般の人たちには聞こえない。同様に、霊能者が霊視する場合には一般の人たちには見えないということである。

地獄も天界のように三つの層に分かれているそうである。三層は「それぞれ底なしのどろどろした黒い霧で仕切られている。天界の太陽の熱も光も霊流も届かない暗いところであるが、上層の地獄にはかすかな光が差し込んでいる。そして、地獄にいる霊たちは、天界の光に照らされると、その霊に相応した悪を露呈し、霊は悪の姿を現わし、ある霊はその悪性に応じて恐ろしい形と体をもち、凶悪な顔をした怪獣の姿を暴露する。地獄の中でも上層から中層、下層へと下がっていくにつれて暗さを増し、そこに住む霊たちの凶悪さも熾烈の度を増していく」というのである。

このように、地獄には天界にあるような太陽の熱や光、霊流もないということは、神の愛がない、つまり神の影響力が及んでいないところだということを意味する。地獄は「元来、神が意図して創造されたところではなくて、神の意図に背いた霊たちを、やむを得ず収容しておく所」であると理解すべきであろうと述べている。

（2）隈本確の霊界探訪記

隈本確は、魂が肉体から遊離して見てきた霊界の模様を、その著『大霊界』に詳細に記している。隈本は神道、仏教、キリスト教その他いかなる宗教書からも引用せず、また古今東西の賢者のことばもいっさい借用せずに、守護神の働きのもとでの自身の体験や考えを自身の言葉で書いた、と記している。それによれば、宇宙はまず大きく分けて人間界(この世)と広い意味での霊界(あの世)とに分けられる。人間界と霊界とを分けるものは、死の壁であり、人は死によって肉体を捨て、魂だけが霊界へ移行する。人間が死ぬと、三日から数ヵ月は魂の昏睡状態で過ごす。その目ざめる霊界が幽界である。この幽界とは、死者が現界における生活様式、考え、想念を捨てて、全く異質の永遠の霊界に入るための準備期間の世界である。この人間界と霊界の中間にある幽界は、「迷える世界」で死後三日ぐらいしかとどまらない霊もあれば、百年、千年とこの幽界で迷い、のたうちまわる霊もある。いわゆる幽霊というものは、この幽界からの働きかけであるという。

さて、死後いくばくかの時が経ち、自己の死をはっきり自覚した霊が次に行く世界が霊界(狭義の霊界)である。ここでは、人間界にあったときの想念をほとんど捨て去って、霊界人としての自覚のもとで生活する。そして、死者の魂は、霊魂としての向上をはかりつつ、徐々に仏界、神界、聖天界へと昇っていく。仏界とは、霊界人として真の悟りを得るまでのプロセスとして重要な期間であり、教え・教条の世界である。神界とは、仏界が教えの世界であるに対し、一人で悟って向上していく悟りの世界である。この段階において、単なる霊としての存在から神霊としての存在になる。この神界に住む霊人の魂がますますみがかれ、神霊としての格が向上すると、聖天界へ移行する。そして、神霊としての術や働きも絶大なものとなる。

聖天界のさらに上には、天命界といわれる世界がある。聖天界と天命界の間には火の壁といわれる難関が存在し、この火の壁を通過し得るのは、神霊のうちでもごく少数の神霊に限られている。天命界に住む神霊こそは、超神霊とも呼ばれる存在である。この天命界に存在する超神霊のほとんどは、地球以外の天体で発生している。その発生年は五億年前から二千億年前であるという。ただし、人間は生きながらにして、この現界で魂の向上をはかることが可能であり、努力の如何によっては、生前においても聖天界の段階までは向上が可能であるらしい。引用が長くなったが、以上が幽界から天命界までの上界についての説明である。

同様に幽界から下の世界についても引用させて頂く。「下界の地獄魔界には、夜叉界、濁王界、陰王界、夜王界の四段階があり、その先に地核神界として地王界と大地王界がある。人間の霊魂は死後まず幽界に入るが、生前において、悪・欲・疑い・傲慢さといった汚れた想念が少なかった人の魂は、だいたいにおいて死後スムーズに上界へ昇っていく。また、生前において、すでに霊界や神霊の存在を信じ、自己の想念管理に気をつけて生活していた人、あるいは現界にありながらその魂が既に高級神霊の格を持っていた人の霊魂も、死後スムーズに上界へと昇っていく。このように、生前の想念の持ち方如何によって、幽界に入ってすぐに上界へと昇っていく霊魂もあれば、それとは逆に下界へ落ちていく霊魂もある。また、いったんは下界に落ちながらも、途中で想念の大転換があり、Uターンして上界へ昇っていく霊魂もある。」

「幽界から下界へ落ちていく霊の最初に入る世界は夜叉界である。この夜叉界にうごめく霊たちの容貌は醜悪で、筆舌につくしがたい。この夜叉界に住む霊人たちは、現界に住む人間と何かのはずみでちょっとでも波長が合おうものなら、猛然と憑依して自分の地獄での苦しみを人間に転嫁しようとする。濁王界は、コールタールに泥を混ぜたようなまっ黒いどろどろとした池の中から顔を出したような怪獣の世界である。霊たちは涙も声もかれ果てて無言で感情もない。陰王界に住む霊たちは、まっ黒な石のように無表情である。ここは濁王界よりも暗い無気味な世界である。夜王界は地獄の最下層で、霊たちは、まっ黒な彫像のような動かぬ表情の中で、目ばかりはどこか一点を見すえたまま何らの意思や波動も発していない。ここは、まさしく奈落の底というか陰惨な世界である。」

「しかし、この夜王界を過ぎると、まばゆい地核神界(地王界・大地王界)が開けてくる。地王界に住む霊人たちは石像のような静けさで、りりしい顔だちをしている。ここは、美の波動を持つ神の世界であり、上界の聖天界に匹敵する。地王界を過ぎると、さらに地核神界の深奥にある大地王界へたどりつく。ここ大地王界には山川草木などがある。この大地王界は、すべてが硬質の水晶のような物質から成り、それが透明な光を受けて、きらきら輝いている。そして、この大地王界の中でも、ひときわ目立つ水晶の神殿がある。その中に大地王界の超神霊の存在がある。要するに、人間は死後、幽界から下界へ落ちて塗炭の苦しみにあえぎながらも、長い歳月をかけて結局は救われるという大宇宙の神霊法則のもとにおかれている」と隈本確は記している。

(3)両者の比較と「霊流」

スウェデンボルグと隈本確の霊界探訪記の内容を比較してみると、まず共通する点として、表現や名称は異なるものの、霊界には、上界(天国)と下界(地獄)の区分があること、いずれも三つないし四つの世界(層)に区分されていること、これらの世界(層)の手前に、人が死んで最初に行くところの精霊界(幽界)があること。そして上界の上には、さらにもう一つの世界である神界(天命界)があって、そこは創造主が存在する特殊な世界であり、その創造主から光や熱のほかに「霊流」と称する霊波が流れていることを示していることが挙げられる。また、下界も三つないし四つの世界(層)に区別されていることなど、両者の霊界の記述は内容的に多くの共通性を有している。これは偶然の一致であろうか。一方、両者の異なる主な点は、下界にも地核神界があるかということと霊流に関する部分の二点であろう。

霊流に関しては隈本確は、天命界からの神の光と、大地王界からの神の輝きと、さらに宇宙に遍満するいろいろなエネルギーを結集して、彼の胸中の大霊界から霊流を依頼人に向けて放出するという、神霊治療(浄霊)法を編み出している。これは早ければ二、三分おそくとも一〇分程でその効果が現われるという浄霊法で、神霊治療であると同時にエネルギー療法でもあるという。このように隈本確は超神霊のエネルギーを活用して、人類及び霊界人を救済する方法を追求しているが、この霊流こそは、既存宗教の限界を超えて、新しい世界的な共通の価値観を構築する際の基本概念として活用できるのではなかろうか。この点を次に検討することにしたい。

第五章　既存宗教の限界を越えて

一　教義・聖典の限界と想いの世界

既存宗教の教義は、前述のとおり、いずれも開祖の預言(霊言)を中心に倫理道徳を説いている。モーゼに垂訓したヤハウェの神、キリストのいう父なる神、モハンマドのアラー神などは、いずれも源流において一つの神といわれているが、それぞれの高弟たちは各々の開祖の名の下に、各々の教義を普及してきたのである。したがって、これら既存の三宗教は、当初は天にいます神の同じ声が十分反映したものだっただろうと思われるが、その門弟等による教義作成の年代において、それぞれの地域に適合した倫理道徳あるいは風習を規律とし教義化してきたのである。一方で仏教は人間の業(ごう)を見つめることによって悟りの境地に至らんとする教えであり、天にいます神の声には関与していない。倫理道徳や哲学的思考は、人間の心(魂)を鍛えるための糧と位置付けられる。

隅本確は「二五〇〇年の歴史をもつ仏教、二〇〇〇年の歴史をもつキリスト教のいずれも、その教義である仏典や聖典は人間が神仏と交流できる「想いの世界」に触れていない。教典が、単なる学問になっていて、何ら神霊世界と通じるための道標になり得ないことは、既存宗教の限界といえよう」と言っている。その意味では、儒教も孔子以前は先祖供養を中心としたシャーマニズム的な宗教であったというが、『論語』には「子、怪力乱神を語らず」とあり、儒教も神霊世界を遠ざけてしまった。

ここで筆者が重要と考えている「霊流」について、隈本確が説いているところを少々長くなるが引用しておこう。「加齢と共に豊かになる精神世界。この精神世界とは、想いの世界であり文字どおり神に通じる世界であり、宝物を入れる庫である。この庫の中には魂という宝物が入っている。神霊の霊流を引く想念(想いの世界)での努力と人間自身による現界での努力が両輪となって、奇蹟は実現する。多くの宗教がよりどころとする教典のほとんどは、人間の知恵、頭脳の産物としての哲学である。その哲学を読み、理解することによって、私たちの精神世界が向上したり、開けたりすることの助けとはなっても、それだけでは神との交流はできない」という。高き神との交流こそ、既存の宗教を越えた普遍の価値観として、すべての民族が共有可能なものであり、恒久平和をもたらす基本概念ではないかと気付かされる。

『大霊界』では天地創造の神を天命界における核の超神霊と称し、その発する霊流（エネルギー）を病気治療、人間生活の向上、祖先の供養などに活用することが語られる。天命界から核の超神霊エネルギーを引くには、心（魂）の強い想いと多少の熟練は必要かもしれないが、既存の宗教のようにむつかしい教義などは要らない。専ら精神世界（胸中）において、神霊との交流を図ることによるものである。すなわち、超神霊エネルギーを引くことによって、病人をはじめ悩める人々に癒しと安らぎを与え、世の人々を救済している。このような活動は、いかなる宗教宗派に属していても排斥することなく、一視同仁に霊流を与えている、というのである。

もちろん神の概念や位置づけは、宗教により、また宗派により差異が存在する。そのことがまた宗教統合の最大の障害となっているわけだが、それら無数の神の定義の最大公約数としての認識を「この世界が現に存在し、その大元となっているもの」と定めて、仮にこれを「天地創造の神」と称するならば、それを世界共有の思想的基盤とすることができるであろう。そしてこの天地創造の神に対する尊崇の重要性を強調することによって、世界統合への道を拓くことになるのである。

二　霊流で描く世界共通の価値観

　これまで述べてきた隈本確の神霊の捉え方は、高き神霊と人間の心（魂）とが合体して、目に見えない宇宙エネルギーというものを媒体として、人の体の上に発揮する不可思議な力とみなすものである。人間に憑依している霊を浄化（浄霊）し、その結果人の肉体上の痛み苦しみが解消するとも表現している。すなわち、浄霊によって、人間に憑依している霊（低級霊、悪霊）が、浄化されて自然に人間の体から離れ、高き霊界に向上して救済されるというのである。

　そしてその浄霊は、天地創造の神の発する霊流を活用するというところにその特徴がある。このように、天地創造の神の発する霊流（超神霊エネルギー）を活用して人類や霊界人を救済するという考え方は、世界の宗教を無理なく一つに結びつけるための原動力として、ここにすでに芽生えているともいえよう。

「ＧＬＡ」という団体の主宰であった高橋信次（たかはししんじ 927-1976）の霊能者としての霊言を「幸福の科学」主宰の大川隆法（おおかわりゅうほう 1956-）が霊聴者と

なってまとめたという書籍『アラーの大警告』（1991）の中では、アラーの神の希望の予言として「宗教がいがみ合う時代は終わった。すべての宗教を一つにするということは、世界の人類の心を一つに変えていくことである。世界人類に普遍的な教えを説くということである。新たな世界宗教をおこすということである、そして、それはモーゼのユダヤ教やイエスのキリスト教やムハンマドの回教や孔子の儒教や仏陀の仏教など、こうしたものすべてを統合するような大きなものでありたいと思う」との記述がある。

ここでは世界共通の価値観の創造に止まらず、「新たな世界宗教」が提唱されている。大川隆法もその著『宗教の挑戦―ミラクルの風』（1992）において、世界宗教への条件として、①個人の救い、②悪の存在を解消し得ること、の二点を挙げ、「神の全能性・完璧性と地上生活の不整合・不統一、この矛盾するものを如何に統合するのか、これに成功したものは世界宗教となり、成功しなかったものは民族宗教あるいは地域宗教のレベルに止まる」と述べている。

また、高橋信次は、その霊言で、アラーの神の希望として、新たな世界宗教を興し、既存宗教をすべて統合したいと述べているが、前述のとおり、既存宗教の統合は水と油を混合するようなもので、現実的に統合は不可能であろう。しかし、天地創造の神の発する超神霊エネルギーを引く霊流の活用によって、世界共通の死生観を打ち立てることは可能であろう。そしてその先に位置付けられるのが大川隆法の言うような世界宗教の条件にかなう世界的宗教の構築である。全世界の人を救い、既存宗教も自ずと習合される道が開けるかもしれない。

これまで述べてきたとおり、二百年前のスウェデンボルグをはじめ、各時代に先達による魂(心・霊)や霊界についての文献や記録が数多く残っている。そのいくつかは広く一般に知られるところとなっている。また、善川三朗、文鮮明、大川隆法、隈本確らをはじめ、霊(魂)や霊界に通じるいわゆる霊能者は、世界各地に数多く生存している。これらの霊能者や神霊学者は魂(心・霊)や霊界に関し、その考え方が世界共通の死生観を構築するために有力であることの証人となり得るであろう。

ちなみに、現代の裁判の形式は証拠裁判主義であるが、刑事事件における目撃者の証言や、民事事件における証人の証言などは、判決に対する裁判官の心証形成に大きな影響を与えている。そのような裁判の形式と同様、いわゆる霊能者の魂(心・霊)や霊界に関する文献や体験談も魂(心・霊)や霊界に関する弁論・証言として取り扱うことも可能ではないだろうか。大多数の人の納得が得られる死生観と、そこから生じる共通の価値観の構築の助けとなるはずである。精神世界すなわち魂(心・霊)や霊界については、一般人の五感によって察知することができないため、これまでその決め手を欠き、哲学的抽象的な説明に終始している。そのため、人々は魂(心)の存在や霊、霊界の存在について信じるもよし、信じないもよし、無神論者も一向に絶えないのである。

そこで、各国政府や国連においては、霊能者や神霊学者を含む宗教者の代表を速やかに糾合し、魂(心・霊)や霊界についての最大公約数的な万人の心に共鳴する情報をまとめ、一般大衆に公表すると共に、新しい死生観と価値観の提唱運動を展開すべきであろう。WHO(世界保健機関)も健康の定義として、新たに「魂」の概念を加えたい意向のようであるが、前述の魂(心・霊)の存在や霊界の存在を想定した健康の定義を、まずは明らかにすべきであろう。二〇〇〇年八月八日から四日間、アナン国連事務総長(Kofi Atta Annan 1938- ガーナ)の呼びかけで、国連本部(ニューヨーク)に世界各地の宗教者、精神的指導者が千数百人集まり、世界平和について話し合う「ミレニアム世界平和サミット」が開催された。この発想は、世界平和構想に向けて国連と宗教者が協力していく歴史的な第一歩として注目された。

統一原理に基づく宗教統合運動も、魂(心・霊)や霊界に関する最大公約数的な情報に基づけば、その運動はさらに大きく展開するであろう。世界各地における霊能者(シャーマン)は、自らの霊能力を世界平和のための力として再確認すべきである。既存の宗教宗派に拘泥することなく、率先して、各地において速やかに霊能者団体を結成し、魂や霊界の存在について深く検討を行い、世界平和に貢献されんことを期待したい。

ともあれ、世界的宗教の条件に叶うような立場の宗教者を主軸とする新しい組織体を創設する機は、既に熟しているものといえよう。

第三部　世界連邦政府の創設に向けて

第一章　宗教と科学

一　宗教と理性

世界連邦政府の創設について論じる前に、先ず宗教と科学の関係を整理しておきたい。ここでは主に岩波講座『宗教と科学』(1995)を参考とし、特にその中の第一巻より「科学の反省と宗教への期待」(垣花秀武)、第二巻より「序論　葛藤と相補性―天と地をめぐって」(西川哲治)と「歴史の教訓と未来の展望」(伊東俊太郎)の各論文を要約し、これに一部筆者の私見を交えながら大きな流れをたどることとする。

キリスト教文化圏において、ある時期に近代科学が急速に発達し、体系化されたことは歴史上の事実である。もちろん、中国にもインドにもエジプトにもメソポタミアにも、およそどの古代文明においても個々の技術は独自に発達していた。天体観測があり、土木技術があり、食糧生産があった。近代科学の原始形のようなものも存在したが、それらは体系化されることはなく、文明の大きな変化をもたらすようなこともなかった。

中国には十二世紀後半に起こった朱子学に代表されるように、論理を体得した学者集団は早くから存在していた。古代から受けつがれてきた膨大な量の自然についての知識の蓄積、すなわち自然を改良する諸技術や自然の中の秩序を見出し、それを書き残す努力がなされてきた。しかし、中国のこれらの知的活動は、相互にほとんど関係づけられることなく、分野別に知的世界を築いていたのである。また、八世紀から十五世紀のイスラム世界は、ギリシャ文明のなかの科学的要素をとり入れ、これを体系化しようとし、西洋中世が長く科学の進歩を停滞させた期間中、世界的な科学の中心地となった。しかしそれは、イスラム社会の発展に直接貢献することなく、むしろキリスト教社会にその成果を手渡して、その役割を終えたのである。

中世キリスト教社会で科学が飛躍的に発展し始めた理由は、次の三点であろう。(1)中世キリスト教世界に論理体験があったこと (2)観測(実証)を尊重する流れがあったこと (3)秩序と自由のある生活を保証する組織(修道院に始まり大学に至る組織)を創設し維持発展させたこと。

自然についての個々の知識を体系に組みあげる科学は、論理と証明をその手法とした。ユダヤ教に始まり、キリスト教、イスラム教に分かれたヤハウェを唯一神とする一神教も、イタリア・ルネサンス以前にすでに始まっていた古典文化の復興でギリシャ哲学とくにアリストテレス論理学と出合い、スコラ学により強固精密な論理体系を築き上げることとなる。スコラ学は、学校（スクール）の語源でもあるように、修道院の学問が聖書や権威ある古典の読解に限られていたことに対する呼称である。すなわち、スコラ学では理論的・理性的な思考を学問の手法とした。その頂点がトマス・アクィナス（Thomas Aquinas 1225?-1274 イタリア）の『神学大全』である。神学者や哲学者達は論理的に思考するような訓練を重ね、やがて神学を含むあらゆる学問は、体系的思想として広く伝播されていったのである。

ところが、その後の西欧近代科学は、デカルト（Rene Descartes 1596-1650 フランス）によって創始された「機械的世界像」とベイコン（Francis Bacon 1561-1626 イングランド）によって唱導された「自然支配のイデー」という二つの理念ないしイデオロギーが根底となった上で形成されていくようになった。スコラ学を厳しく批判したデカルトの機械論においては、物理的存在は「一様な延長（縦・横・高さ）」として還元され、この世界のすべての現象は、この延長を切り刻んだ粒子の衝突によって、まったく因果的に説明したのである。神には、この粒子を最初に創り出す役割しか与えられず、あとは徹頭徹尾、機械的因果的にすべては進行していくものとした。

この粒子の運動法則を規定したのは神であるはずだが、その神はやがて、この法則を設定する理性と同一視されることになり、そこに「理神論（ディーイズム）」が生み出されることになった。理神論は理性を前提としており、神の活動性は宇宙の創造に限られ、それ以後の宇宙は自己発展する力を持つとされる。したがって神を擬人的な存在とは認めず、奇跡・予言などによる神の介入はあり得ないとして排斥される。

この理神論説は十八世紀イギリスで始まり、フランス・ドイツの啓蒙思想家に受け継がれた。超自然的な迷信を捨て、人間本来の理性の自立を図るというベイコン以来の考え方は、人間の知識は全て経験が創り出すとする経験主義の哲学と共に、イギリスで発達した。この流れはトマス・ホッブズ（Thomas Hobbes 1588-1679 イングランド）によって体系化され、ジョン・ロック（John Locke 1632-1704 イングランド）がさらに発展させた。そしてその後はジャン＝ジャック・ルソー（Jean-Jacques Rousseau 1712-1778 スイス）の『社会契約説（1762）』に引き継がれている。

こうした思想は、実質的に神の「棚上げ」に通じるものである。神に代わって人間の

「理性」の意義が強調されることになった。やがてこの「理性」の立場から科学研究がおし進められ、一方では当時の政治的保守層と結びついていたカトリック教会を、その旧制度とともに不合理な存在として攻撃したのである。

しかし、十七世紀後半に科学と宗教の両方の世界で多くの実績を残したパスカル(Blaise Pascal 1623–1662 フランス)が、神との主体的な出会いを重んじ、デカルトを始めとする哲学の理性に関しての成果は認めながら、神の愛の大きな秩序の下では、啓蒙思想がいかに空しいものであるかを語ったことは、留意されるべきであろう。

二　宗教と科学の対立

このようにして、啓蒙主義は宗教と科学を引き離した。この世界から徹底的に神聖なものを奪い取った啓蒙主義者は、奇蹟などのキリスト教の言説を、科学的合理性に反するものとして否定した。これに対し、教会側も体制的権威をもってこれに応酬したので、宗教と科学の対立は決定的なものとなったのである。

一方で、近代西欧科学のもう一つの理念であるベイコンにはじまる「自然支配のイデー」は、その後十八世紀の「産業革命」を経て、ますます現実的な力を持つようになった。ベイコンの主張した「力としての知」は、科学と技術とが密接に提携することによって、自然を収奪し、人間の利便を増大させ、この物質的世界を大きく変革させていった。このようにして、科学はわれわれの世界認識を啓蒙するという当初の精神的意義を忘却し、もっぱら「知の力」として、人類の物質的経済的利益に奉仕するものとなっていった。

科学技術がもっぱら物質的繁栄の道具として世俗化していったということは、科学の持つ精神的意義を見失い、科学を宗教との縁を遠ざける、もう一つの大きな理由となった。他方、宗教もこうした局面に立って、人間の本来の生き方を論理的に示すこともなく、社会への科学の浸透の前に、ひたすら教義の文言に固執して、自己の形式的安泰をはかろうとする。このような状況下において、宗教は科学と対峙し、拮抗し、さらに相争うものとなったのである。

デカルトやベイコンらの思考そのものは、いまだキリスト教と深く結びついており、それ自身が反宗教的であるということではなかった。しかし、彼らの生み出した思想が徹底的に展開されていったとき、一方は十八世紀啓蒙思想による「神の棚上げ」

となり、他方は十八世紀産業革命以後の「科学の産業化」となり、ともに知識の世俗化、実用化にともなって、科学と宗教の分離対立という結果に至ったのである。したがって、今日通念化している宗教と科学の対立関係は、きわめて新しい時期に属するものであって、ここ二百年から三百年間のことであるといってよい。

十八世紀の啓蒙主義の生んだ理性は、人間の権力意思の所産で、それは世界支配の手段と化していった。そこでは人間を超えたものに対する敬虔な心を失い、すべての対象を道具視し、ただ打算によって世界を収奪し、支配しようとする傾向を強めたのである。産業化された科学は、この世界を深く理解するという科学の本来の役割を忘れ、ただ物質的欲望と政治的権力の奴隷となって、環境破壊や資源枯渇や核兵器の蓄積を行うに至った。無知迷妄を排するとして、結果的に宗教を否定し、拒絶することによって成立した現代科学文明は、心を失った道具的理性と、とめどを知らない物質的欲望によって、今も破壊への道を進んでいる。

二〇世紀はまさに科学の時代の幕開けであった。奇しくも一九〇一年に、第一回のノーベル賞がX線を発見したレントゲン(Wilhelm Conrad Röntgen 1845–1923)に授与されている。〇三年にはライト兄弟が世界初の飛行機を飛ばし、日本の長岡半太郎(ながおか はんたろう 865-1950)が原子構造を予想。そしてアインシュタインが相対性理論を発表したのが、〇五年である。先進国では電気の応用が一気に進み始めた。一方でシュバイツァー博士(Albert Schweitzer 1875-1965)は「自由に振る舞う科学はあっても反省する科学はなくなった」と警告している。『世界日報』論説委員長の井上茂信氏によれば、われわれが認識しなければならないのは、科学万能論の概ね次のような弊害である。

第一は、大自然への畏敬の心を失わせ、深刻な環境破壊をもたらしたことである。科学が発達すれば、何もかも解決できるという科学信仰を広げ、さらに科学を、自然と敵対する道具ととらえ、自然の征服で人類が幸福になるという錯覚を与えた。

第二は、唯物論・機械論を広げ、哲学や宗教など人類の精神史を軽視した。科学革命のきっかけをつくったコペルニクス、ガリレオ・ガリレイやニュートンはいずれも神を信じていた。彼らにとっての哲学は、神の創造した神秘を解明するものであった。しかし、科学は専門化するとともに全体から遊離し、自然界はすべて機械仕掛けのようなものという機械的宇宙論と唯物論を広げた。

第三は、神なきヒューマニズムを生み、道徳価値の相対化をもたらして、人間の尊さの根拠を否定した。

第四は、還元主義により、人間存在の意味を失わせた。

還元主義は高次のものを低次のレベルに引き下げて分析することをいう近代科学の根本思想である。しかし宇宙や人間は、目的をもって創造されたと考えなければ理解できず、またそう考えてこそ、生きる目的が出てくるのではないかと述べている。

三　宗教と科学の調和を目指して

このような科学万能主義の時代をこのまま放置すれば、やがて人類の危機を通り越して、地球そのものが破壊されてしまうであろう。科学と宗教の調整に向けて、早急に対処しなければならない。

諸文明における宗教と科学の関係は、非西欧圏では必ずしも背反的なものではなく、両立していたことも少なくない。西欧文明においても、宗教と科学は当初においては両立し統合されていた。十七世紀までは内面的統一を保持していたが、近代になって啓蒙主義以後に対立が目立つようになったのである。この宗教と科学の分離対立以後の西欧現代文明は、神に代わる理性によってニヒリズムを産み、自己本位の個人主義的エゴイズムと物質万能の欲望の世界を拡大させるようになった。このような事態は近代の西欧文明を受け容れた他の文明圏にも大なり小なり起こっている。

前述のとおり、二十世紀の科学は結果として人間と自然とを分断し、自然を人間の対立者として、これを利用し、支配し、征服するものであった。そのため、この世界より聖性が失われ、生命が剥奪され、意味が消却された。こうした自然征服の結果として、人間の利便は大いに増大したものの、その裏に今日の地球的危機があることは明らかである。二十一世紀に生きる我々は、今こそ宇宙も地球も人間も一体の生ける自己組織系の発展としてとらえ、その間の共通の「生」の意味を追求していくことが必要である。

科学も宗教も、もとをただせば、ともに「生の充実」を目指すものである。科学はこの世界についての認識を深め、森羅万象をよりよく知るというわれわれの「生の充実」に貢献するのであり、宗教はこの世界において、よりよく生きる方途を与え、われわれの「生の充実」という共通の根源にまで立ちもどるならば、両者は世界を「知る」という理論的側面と世界を「生きる」という実践的側面とにおいて、互いに補完的に支え合うべきものであって、排斥し合い、否定し合うものではない。「知る」ことは「生きる」ことに支えられておらねばならず、「生きる」ことは「知る」ことに支えられている。

歪曲された科学は、正しい目的に向かって、宗教的な倫理と心情によって正されねばならない。逆に宗教はそうした正しい「生」の方途を示すべきであって、ただ宗派的なドグマ(教義)に拘泥すべきものではない。したがって「宗教なき科学は盲目であり、科学なき宗教は貧困である」といえよう。宗教も科学も、よりよき「生の充実」に向かう活動の二つの側面であり、両者がこの一つの根源に還って力を合わせるとき、未来の文明はもっとも望ましいものとなるであろう。しかし、このことは現代の科学や宗教の在り方をそのまま認めるということではない。現代の科学も、真の意味で人間の「生の充実」に根ざすためには、その枠組や目標を変えていかねばならないし、現代の宗教も、宗派的なドグマの対立や抗争を超えて、人類の「生の充実」の方途を真剣に追求しなくてはならない。そうすることによって、宗教と科学はおのずからその根源において結びつき、調和するであろうとは、東京大学名誉教授で科学史が専門の伊東俊太郎(いとうしゅんたろう 1929-)は論じている。

最近アメリカでは、インテリジェント・デザイン(ＩＤ)理論が発端となって、科学論争が起きている。ＩＤ理論は最新の科学的証拠に基づき、宇宙と生命の誕生・進化には「知的デザイナー」が関与したと主張している。これは有神論的世界観に通じるもので、唯物論的世界観には挑戦的な理論である。

その意味する内容を要約すれば、現在我々が知っているような生命の発生は、確率論からは起こりえない、何らかの意図をもって設計を行った者が存在するはずである、というものである。ここでは、そのデザイナーこそ神であることが示唆されている。そしてＩＤ理論は、長年常識であるとされてきた自然科学＝唯物論＝知識という科学のパラダイム（規範）が転換される必要を迫っている。

唯物論的進化論は、生物進化から神の関与を完全に否定し、科学と宗教を対立させた。ここには人間の卓越した道徳も、自由意志も、人間として生きる根源的な意味も存在しない。人間はただ生まれ、生きて死ぬだけの存在だと言い切っている。十八世紀から今日まで宗教と科学は断絶したが、ＩＤ理論の登場で両者は相互補完的な関係となり、それぞれの分野で新しく発展を遂げつつ調和するであろう。そして自然科学の原則も変っていくだろう。それでは物質的な欲望によって破壊された地球環境をいかにして修復するか、次章で検討してみよう。

第二章　環境破壊による地球の危機

一　生態系の破壊

人間が物理や化学の作用で物質を変化せしめ、新物質を開発したとして喜んだりするが、それと同時に、地球上からその原料となる物質が消失していくのである。その消失した物質がリサイクル(再生)される範囲のものであればよいが、その変化が不可逆的である場合には、地球上の環境を破壊するものと理解しなければならない。さらに大きな問題は、水と大気とエネルギーの循環に対する人為的な変更である。地球上では、先進国と途上国とを問わず、国家間の競争は激化し、主権を盾に軍事・経済面において力の均衡を保つためにそれぞれの独自の計画をすすめ、地球の資源を浪費している。

垣花秀武氏は「地球規模の環境問題は、十八世紀末の産業革命以来、科学技術を経済成長や経済効率の道具として追求してきた結果発生したものである。ようやく二十世紀も末近くになって、地球環境破壊の重大性に注意が向き始めた。しかも砂漠化の進行や氷河の後退、オゾンホールの発生のように、なかには目に見える形で問題が深刻化しているものもある。地球環境の破壊は、生態系のバランスの破壊に直結する。地球上のすべての動植物は、相互のバランスの上にそれぞれの生活なり活動が成り立っており、人類はそのうちの一つの種に過ぎない。そのバランスが人類によって崩されつつあり、このままいくと人類自身の存在が危うくなるであろう」と警告している。

ローマクラブは一九七二年に報告書『成長の限界』を発表し、世界に警鐘を鳴らした。この会合に各国から集まった百名の学識経験者は、人類の未来に待ち伏せる不気味な危機の実体とは、資源の枯渇、環境破壊、人口爆発そして食糧不足などであると し、特に化石燃料をはじめ各種の資源は、このままの勢いで経済成長を続ける限り、遠からず枯渇させてしまい、百年以内に人類の成長は限界に達するであろうと予測した。そして、この破局を回避するためには地球が無限であるということを前提とした従来の経済のあり方を見直し、世界的な均衡を目指す必要があるとの提言を発したのである。

地球環境問題とは一言でいうならば、地球の生態系と資本主義経済ないし過大な人口との間の不均衡ないし衝突の問題なのである。これまでのように、人間が人口の増加と快適性の増大を文明の進歩と見なし、物質的欲望を肥大させ、その肥大化していく欲望を満足させるために、どこまでも大量生産、大量販売、大量消費のさらなる拡大を続けていくならば、環境の許容量そのものが急速に小さくなり、ついには産業革命以前の人口を支えるだけの自然も枯渇し、破滅してしまうであろう。今や近代世界と近代人のあり方を特徴づける自由主義経済や個人の人権を至上とする哲学など、近代人の物の見方や生活様式そのものの存続が問われるようになっている。

二　持続可能な人類社会を求めて

経済の成長と環境は果たして両立するのか、どうしたら両立が可能になるのか、両立させる範囲はどの程度か。これらの諸問題を解決するために登場してきたのが「持続可能な開発(Sustainable development)」という概念である。この考え方に沿った論文は、主要なものだけでも四十を超え、多様な側面から環境と経済が両立する方向で検討がすすめられている。

これらを大きくまとめてみると、

(1)自然環境の保全を強調する概念で、生物の多様性の保護、環境容量、天然資源の保全などの制約を重視するもの

(2)世代間の公平性を問題とするもの

(3)社会的正義や生活の質などのより高次の観点から展開するもの

などに整理できる。しかし、一般的には、将来の供給を損なわない範囲で現世代の需要を満たすような開発と理解されている。

また別の観点からは、この概念は先進国と途上国の間の利害を調整するものである、ともいわれている。そこでは、持続可能な発展のための将来に備えての設計をするには、途上国の人々がその基礎的ニーズを充足できるようにすることが先決で、先進国の社会経済活動を生活様式も含めて改める必要があり、種々の社会経済政策を統合し行動ができるような「環境倫理」が、すべての国によって新たに確約されなければならないという。つまり、持続可能な開発のためには、環境に対し重大な脅威を与える人口過剰や貧困問題の解決に対し緊急に注意を向けることがまずもって重要であ

る。

いずれにしても持続可能な開発を実現するには、人口・資源・開発・宗教・人種などさまざまな分野の課題を個別的にあるいは総括的に解決しなければならない。現代に生きるわれわれは、健全な地球を次の世代に引き渡す義務を負っている。そのためには、今のわれわれのライフスタイルに欠かせない大量生産・大量消費・大量廃棄の社会システムとそのための乱開発、さらにその前提となっている拡大至上主義の枠組みを変革する以外にないのである。

また、松原隆一郎の言を借りれば、地球環境を保全するためには、経済活動や生活様式、人口増加などについて各国・各個人の自由をすべて許容することがもはやできなくなってきていることに留意せざるを得ないだろう。環境問題の解決を目指す限り、現在の世代は将来の世代との間で、先進国は途上国との間で、国家は国際社会との間で、そして人類は地球全体との間で、エゴイズムを抑制し、意思決定を調整することが必須の条件となっている。

しかし、これまで経済の成長や発展をうながしてきた近代の精神は、個人が市民（主権者）となって自らの権利を保全する社会契約、権威からの個人の自由、過去の遺制からの大衆の解放、国民国家の樹立、そして他国の干渉からの国家の独立をもたらしたのであり、それらは最近まで西欧の社会では、ほとんど共有されたルールであった。だが、近代化の精神に基づいたこれまでの経済の拡大が人類自らの存続を脅かすことが懸念される以上、われわれはそうしたルールにまで遡って行動様式を改めなければならない事態に立ち至っている。したがって、持続可能な開発の実行は、相当に困難なこととなるであろう。

自然環境においては、あらゆる物質が循環している。それは、元素のレベルや分子のレベルあるいは化合物の形をとって循環しているかもしれない。また、生物的環境と非生物的環境の領域の間でも物質は循環している。ところが、人間の経済活動が進展すると、このバランスが崩れ、物質の循環が乱されてくる。このことはさまざまな問題を産み出していく。自然環境が物質生産に利用する炭素以上に、人間の経済活動から炭素が供給されるとバランスが崩れてしまう。

産業革命以降の工業国の経済活動によって自然環境中に棄てられた物質やエネルギーは自然界に対してほとんどの場合超過供給である。したがって、環境を保全するには、環境と経済の物質循環のバランス状態を保持するための循環型の経済理論と新たな環境技術を重視し構築していかなければならない。さもないと、自然環境中の物質循環は大きく乱され、物質のストック状態は大きく変化していくであろう。この変化は、おそらく長期にわたって経済に影響を与えるに違いない。環境技術の開発はもとより必要不可欠であるが、それを含めて世界の経済システム全体をどのように設計し直すべきかという点で、いま、人間は重大な岐路に立たされている。

瀬田信哉は、「地球環境がもたらす恵みは、世界中の人々はもちろん、将来の世代すなわち未来の人とも分かち合わなければならない。さらには、人類以外の生物や自然を包含した地球大の共同体意識を育てていく必要がある。そのためには、先進国に生きる現在の世代が、地球的利益の観点に立って、率先して行動することが鍵となる。途上国に積極的な援助を行うほか、途上国の自主的な問題解決能力を強化することが大切である。」と述べている。

以上のこの問題に対する課題の整理は、慶応義塾大学経済学部の環境プロジェクトのレポートにまとめられているものである。

ところで、前述した十八世紀末のイギリスの啓蒙主義の後、ベンサム(Jeremy Bentham 1748-1832 イングランド)によってうち立てられた功利主義との関連も述べておこう。功利主義(Utilitarianism)は、日本語としては企業の利益第一主義のような印象があるが、まったく異なる。むしろ「公益主義」とでもいうべき内容の思想で、ベンサムの残した「最大多数の最大幸福」という言葉がつとに有名である。この思想はミル父子(James Mill 1773-1836，John Stuart Mill 1806-1873 イングランド)によりさらに発展した。政府の再分配機能によって階級間の対立を解決しようとした点で、現代社会にそのまま引き継がれている考え方である。功利主義では、国内の問題ばかりが議論されたが、その範囲をすべての人類、あるいは地球の生態系全体に拡張すれば、「新たな共通の価値観」が生まれると考えることも可能だろう。

地球環境問題は、現在の政策課題として、人類がいまだかつて経験したことのない地理的時間的スケールを持っている。経済発展段階も価値も文化も異なる国家、民族をも巻き込んで、幾世代にもわたる利害を調整することになる。経済メカニズムはもちろん、国家という意思決定単位も挑戦を受けることになると、このレポートは指摘している。長期的な視点から技術開発や啓蒙運動を展開し、地球環境と共存する文明を築くという覚悟が必要である。いまこそ、有限な地球に生きるための共通の価値観とそれに基づく行動理念を構築すべき時であろう。

三　国家エゴと地球の危機

一九九二年六月、琉球新報に次のような主旨の社説が掲載されたことがある。

「かつて世界といえば、人為で制しがたい無限の大地というイメージがあった。しかし、人間の開発行為が巨大化した結果、一地域、一国家の自然破壊、環境破壊が直ちに他地域、他国に波及し、深刻な事態を招くようになっている。環境破壊や汚染問題について先進国は成長を維持するための方策を国際社会に提案するが、途上国からは汚染の原因は先進国がつくったもの、責任は先進国にあると途上国の負担には反論する。そして開発の抑制論はおかしい、われわれには先進国が過去に行ったものと同様の開発の権利があると主張する。

確かに途上国の主張にも説得力がある。先進国が途上国の自然資源を安く大量に買い上げて消費し、その結果、自然破壊や環境汚染をもたらした事実は否定できない。事態を重視した先進国が以後の開発にストップをかけ、環境保護に全力を、といっても途上国は納得できないだろう。これに、先進国同士の対立も絡む。温暖化防止のための気候変動枠組み条例に対して、ヨーロッパ各国は割合熱心だが、二酸化炭素など温室効果ガスの排出量抑制には莫大な費用がかかり経済に悪影響をもたらすとして、米国は同条約にきわめて消極的だった。地球の環境破壊、汚染がいま以上に進むと先進国も途上国もなく、全人類が危機に直面する」このアポリア（解決し難い問題）は諸国家の国家エゴに起因するものといえよう。

さて、国連環境計画（UNEP）によると、温暖化対策は既に手遅れの可能性が高いという。熱帯林の破壊は取り返しがつかない状態であり、水不足も深刻であるようだ。太陽からの有害な紫外線の多くを吸収するオゾン層の破壊や温暖化が進み生態系に重大な影響が生じることなど、未来をきわめて悲観的にとらえて病める地球への警告をしている。具体的には、一九九〇年代後半までの大気中の二酸化炭素濃度は増加を続け、農薬やダイオキシンなどの化学物資による汚染も、このままでは二〇五〇年に三倍以上になると指摘している。同時に、水資源の不足も世界的に進み、二〇二五年には世界人口の三分の二が水不足に悩むだろうと予測している。

そのほか、大気汚染や酸性雨、環境破壊に伴う難民の増加などへの懸念も表明しており、二十一世紀中の地球の変化を思うと背筋が寒くなる。温暖化が進めば、海面が上昇して標高の低い国(島)は水没し、世界中に食糧不足や疫病が流行するともいわれている。地球規模で万全の対策が永く求められていたにもかかわらず、事態が既に手遅れという見通しは、はなはだ深刻に受け止められた。

気候の温暖化もオゾン層の破壊も、今に始まったことではない。主たる原因とされるフロンガスの製造を禁止しても、容易に元に戻らないのが現実である。オゾンホールは成層圏のオゾン層が、フロンから生まれる塩素原子などにより破壊され、著しく減少した部分を指す。一つの塩素原子は十万個のオゾン分子を連鎖的に分解していき、南極上空では、オゾンホールが毎年九～十月に現れる。ホールの拡大は地球への警告といわれてきた。このような危機的状況に直面した地球を救おうと、国連は毎年六月五日を「世界環境の日」と定めている。

国連環境計画は、一九七二年にストックホルムで開催された国連人間環境会議で採択された「人間環境宣言」と「環境国際行動計画」を実施に移すための機関として設立され、本部はケニアのナイロビに置かれた。一九八八年に世界気象機関(WMO)とともに気候変動に関する政府間パネル(IPCC)を設立。さらに、国連は、一九九二年にリオデジャネイロで開いた国連環境開発会議で二十一世紀に向けた環境と開発に関する二十七の原則から成る宣言(リオ宣言)に合意。これを実行するための行動計画「アジェンダ21」を採択した。なお、IPCCは二〇〇七年にノーベル平和賞を受賞している。

このように国連主導で統一した環境対策を打ち出すことで、グローバルな取り組みが可能になったし、世界の目を環境に向けさせた功績は大きい。しかし、具体的な成果は未知数である。ネットワークづくりはうまくいったものの、環境破壊を防ぐ国際協調の決め手を欠いているのが現状である。各国の経済力の差、先進国と途上国の環境問題に対する姿勢の違いなど理由はいろいろあるが、もはや、そんな理由で実効性のある対策の先送りが許される時代ではなかろう。

沖縄タイムス(一九九九年九月)の社説から引用すれば、「国連環境計画の報告書では、世界中の至るところで何らかの破壊が起きていることが示されている。北米は化学物質汚染や生物種の減少、東アジア・太平洋地域は水資源不足に大気汚染・酸性雨、欧州中央アジアは水質汚染・漁業資源減少、アフリカは森林破壊と砂漠化といった具合で、この問題に無関係な地域などどこにもない。海洋の汚染や生態系の異変も南極や北極だけでなく、世界中に広がっている。空域も同様である。この他にも、酸性雨、森林資源の破壊およびそれに伴う土壌の流出と砂漠化など環境の課題は数えあげればきりがない。」この社説は「地球は、まさに傷だらけである。」と結んでいる。

汚染物質などは、大気中や河川、海洋を移動して国境を越えていく。動植物にはもとより、熱にも水にも国境はないのである。いまや国家主権に対する考え方を改めるべき時代に達したのではないだろうか。このことを論議するとして、二十一世紀の主権を定義するための「主権作業部会」をつくるよう主張する声が出たことは注目されよう。『世界日報』が社説で、「環境破壊を防止することだけを目的とする「世界政府」的なものがそろそろできてしかるべきであろう」と論じたことは、蓋し正論である。

第三章 世界連邦政府創設のための条件

一　世界統合の必要性

今日の国際社会においては、一国単位では解決できない多くの問題が多く生じていることを、ここまでに見てきた。このような諸問題を解決するには、グローバリゼイション化した機構の構想が時代の流れとして浮かび上がってきている。

最近、二十世紀のアメリカを代表する政治哲学者であり、『正義論』(1971)の著者であるジョン・ロールズ(John Rawls 1921-2002 アメリカ)が再び注目されている。その主たる業績は、それまで主流だった功利主義による倫理学に代わる理論を示したことである。

ロールズは「善」の観念が宗教や民族によって異なるために、既存の一つの宗教やイデオロギー、文化によって世界全体を統一することはできないと考えた。したがって「善」の底にある共通の原理が求められ、それが「正義」だとした。さらにその正義が基礎とする原理は、「他者の自由を侵害しない限りあらゆる人には自由が許容されなければならない」ということと、「最も不遇な立場にある人の利益を最大にする」こと、「職務や地位などに就く機会はあらゆる人に開かれていなければならない」ことの三つだとしている。この考え方は長くアメリカ社会の基本的な倫理として現在にいたっている。

ところで、本書は、既存宗教や民族に共通する「創造神」の定義によって共通の死生観の構築を提唱するものである。これは、ロールズが「善」ではなく「正義」の定義で「国家間」の紛争を和らげようとしたことと同様の論法かもしれない。そしてロールズの思想をも越えて国家そのものが統合された世界において、初めて恒久平和が達成できることを訴えたい。

超国家的機構の樹立については多くの識者が論じている。たとえば、朝日新聞社元編集委員の早房長治は『「世界合衆国」への構想』（1991）において、「二十一世紀の課題は、南の諸国の成長をどう持続させるか、経済的には破綻した東の諸国をいかに救うか、人口問題を含めた諸問題に対してどんな処方箋を書くかなどの問題がある。世界の国々は、隣国や政治的、経済的、宗教的に利害を異にする国々との戦いに勝つよりも、人口増との戦いという規模の大きい戦いに勝つことが先決だということを認識すべきである。環境問題、エネルギー問題には、強力な意思決定システムが必要である。新しい国際システムが単なる協議機関にとどまってはならない。あくまでも国際的な意思を決定し、実行する、ある程度の強制力を備えた機関でなくてはならない」と述べている。

環境問題に造詣の深い愛知和男は『地球環境の視点に立った世直し論(1992)』において、「国境の存在を前提にしたのでは、地球環境問題の解決はできない。国と国がお互いに国境を乗り越えて、問題解決に当たたろうというだけでは不十分ではないか。なぜなら、その発想には依然として従来からの国家の存在を認めた上で、お互いに協力しようということが前提になっているからである。国家そのものの在り方を変えなければならない。世界共通の制度に統合できる余地は大きく残っている」と述べている。

また、神野清は『世界連邦へのプロセス』(1991)において、「国際社会の基本構造は、一六四八年のウェストファリア会議以来変わっていない。つまり、国際社会は依然としてステイト・システムの上に乗っている。多数の主権国家的領土国家から構成されている、いわば群雄割拠した社会なのである。国際連盟や国際連合の創設に伴う国際社会の組織化という現象も、このような基本構造を根本的に変えるところまではゆくことができなかったのである。しかし、世界平和に到達するためには、どうしてもこのステイト・システムを、したがって国境を取りはずす方向に進まなければならない。そして、一つの世界を築かねばならない」と述べている。

さらに、畠山尚熙は『超国家政府の樹立へ』(1996)において、「世界の民主化が歴史の方向ならば、超国家的機構はいわばその延長線上にある政治的必然なのであり、超国家的機構こそが民主主義の終着駅なのである。であるならば、巨視的には世界統一の否定は、民主主義の否定でもある」と述べている。以上いずれの学者も国際社会の秩序や地球環境の現状に照らして、超国家的機構出現の必要性を論じ、世界統合を強調している。

第一部において述べたとおり、第二次世界大戦後に核の恐怖から世界平和を守るため、世界政府をつくろうと立ち上がったのは西欧であった。だがしかし、国家主権が壁になってその崇高な理想への道は進展しなかった。そこで、世界政府をつくるには、まず西欧統合が先決だとしてECができ、現在のEUとなったのであるが、主権の壁は依然として乗り越えることができないのである。ＥＵは欧州における地域統合であるといえるが、世界の各ブロックでそれぞれ地域主義に基づく地域連合が行われている。これらは、あくまでも世界の地域的な統合あるいは連合であって、地球的規模の統合ではない。

第二次大戦から六〇年以上が過ぎた今日においては、これまでの脅威に加えて、地球環境の破壊という地球そのものの危機が新たに生じてきた。これらの脅威をなくし地球の危機を救うために、世界を統合し、新たな超国家的機構（世界連邦政府）の創設を、今や再び要請して然るべきであろう。

ところが、これまでの一連の統合現象は、強い統合現象としての超国家性へ移行できなかった。また、国際社会における相互依存関係がいかに進展しても現体制下においては、強い統合現象としての超国家性へ移行することはできないことがわかった。さらに、新機能主義アプローチの目指す強い統合現象としての超国家性への移行および連邦主義アプローチの想定する世界連邦政府の実現は、いずれも政治的エリートの意思と能力に依存するものであることを明らかにした。

一連の統合現象を完結させるためには適当な時期に、政治的権力によるインパクト

（打撃）を加える必要がある。それが世界に遍く同一の効果を上げなければならないが、そのためには、第二部において検討したとおり、二十一世紀に生きる人間発想の転換によって世界共通の価値観を確認することが必要である。そして、その世界共通の価値観を背景にした新しい世界観（国家観・宇宙観を含む）を培い、これまでの国家エゴを和らげ、現在の国際社会の相互依存の関係から人類の共存共栄の関係へと、人間発想の転換をはかることが緊急の課題であろうとの結論に到達したのである。

二　世界統合の前提となる思想的基盤

第二部においては、世界各地で起きている紛争（戦争）のほとんどは宗教が関わる紛争であり、一神教の教義や排他性が主な原因となり、あるいは影響を受けて起きていることを見てきた。神学論争や「ファティマの予言」などもあって、カトリック教会は世界戦略の大転換を決定し、プロテスタントとは統合し、ユダヤ教、イスラム教とは連合し、その他の宗教とは対話する方針を打ち出し、これに続いて宗教統合運動が活発に行われるようになったが、既存の宗教を統合することは至極困難であろうとの結論に達したことは前述のとおりである。

それでは、世界統合の前提となるような、既存宗教に共通の精神世界とは一体何だろうか。これまで抽象的に取扱われてきた精神世界における人の魂(心・霊)や霊界の存在について、多くの記録や体験記、研究著書などに基づいて、積み重ね方式により総合的に考察・研究し、検証を試みてきた。その結果、いまこそ各宗教・宗派の代表から、いわゆる霊能者や神霊学者らまでを糾合して、各国の政府や国連において魂(心・霊)や霊界についての最大公約数的な共通の死生観をすみやかにまとめ、これを公開することの必要性を痛感した。そして、世界的な死生観とそれに基づく価値観、ならびにその認知普及運動を展開して、新しい世界的共有意識を模索する時期が熟しているとの結論に達したのである。

さて魂(心・霊)や霊界についてのさまざまな記述によれば、霊界では本音と建前の区別はなく、すべてが本音であるという。「目に見えぬ 神の心に叶うこそ 人の心の誠なりけり」と明治天皇の御製に歌われているような誠の心が神に通じる心であり、死後高き霊界へ達するためのパスポートであると、まずは考えたい。人間の肉体は、魂(心)が生存中に修業するために最適の場であるともいう。肉体人間の生存は概ね

七、八〇年から一〇〇年前後であるが、その短い間に「誠の心」をもって修業すれば、死後は霊となって高き霊界へ一挙に進むことができると考える。人間は魂が主で肉体は従である。この従たる肉体の快楽のために、現代人はエゴ(自我)をむき出しにして競い、競争社会をかもし出している、というところあたりまでは、各宗教に共通なのではあるまいか。

そして、ここを起点に論を先に進めれば、次の共通認識が生まれる。エゴにとらわれた人々によって選出された政治的エリートは、地域エゴ、国家エゴにそれぞれとらわれており、地域エゴは、国家エゴにコントロールされ秩序立てられている。しかし、国家エゴは国際社会においてほとんど放任されている、という認識である。したがって、今日の国際社会は国家エゴによる無秩序な群雄割拠の社会であるということになり、無秩序な国際社会なるが故に、前述のとおり、やることと為すことすべてにバランスを失い、ついに地球を破局寸前に追い込んでいる。今や科学万能による弊害、環境破壊による地球の危機等についての情報は氾濫しているにもかかわらず、政治的エリートはウェストファリア体制に基づく国家エゴをかたくなに守り続けていることとがわかる。このことのため、強い統合現象への移行が阻止されていることの理解が広がる。

ここで世界的な価値観、死生観の共有が実現すれば、人々の生きる目的が新たに明示され、これまでのエゴ社会は変革し、これまでの人生観・世界観(国家観・宇宙観を含む)も変革するだろう。エゴの社会とは、自分が一番大事であって、競争と対立が必要であると考えている社会である。そのような現代の社会から協調と愛と互恵により自他を同じように見ることのできる共存共栄の社会へ進んでいくものと考える。

従来の科学は、宗教で扱う人類の精神的側面とは相容れないものになっていた。今これが大きく変わろうとしている。二十一世紀中には、科学はかつての宗教の領域を多く扱い、宗教は科学の進展に大きくかかわり、両者は一つのものとして研究されることが多くなるであろう。このことはあらゆる面でわれわれの生き方に重大な影響を及ぼす。エゴの緩和された国際社会こそ、自由と平等が両立する真の民主主義社会であり、次節に述べるとおり、政治的エリートもまた変革する。このようにして、連邦主義アプローチのいう政治的エリートの意思と能力の変革が突破口をつくり、そのインパクトによって一連の統合現象は完結するであろう。

三　共通価値による政治的エリートの変革

人間を肉体面と精神面に分けて考えることは一般的である。肉体面については、他の動物と同じくその肉体を保持していくための行為が必要である。そして、精神面については、人間特有のものであることもまた一般に知られているとおりである。これまでは、精神世界のことは漠然と抽象的に表現されているだけであった。

この精神世界とは、神に精《くわ》しい、つまり神に通ずる世界なのである。神とは、一神教のように人間とは遠くかけ離れた一つの存在である場合もあれば、多神教のように人間と常に融合している身近な多くの存在である場合もある。神の定義はむずかしいが、著者は、人間に対し、常に裨益を与え加護してくれる霊界人または存在への最高の尊称であると理解している。

地獄魔界についても、その用語自体は一般的である。神の意すなわち誠の心に反して、悪、欲、疑い、傲慢の態度で現界の一生を終えた魂(心)が霊となって落ちていき、長く塗炭の苦しみにあえぐ世界である。戦争や紛争を起こして罪のない一般国民を悲惨の境遇や死に追い込んだり、地球を汚染して生態系を破壊し、地球を危機に陥れていることを知りながら、自国のエゴを主張して地球社会のことを省みない大国小国等の政治的エリート、科学者あるいはこれに準ずる者達は、差し詰め地獄魔界への片道キップを既にこの世において取得しているものといえよう。このあたりの説明も、世界に共通の理解が得られやすいだろう。

これらの地獄に落ちそうなエリート達は、今後も人の魂の存在や霊、霊界の存在に関心を抱くことなく、国際社会において何らの拘束を受けない国家主権による国家エゴを、これまでどおりかたくなに守りつづけるのだろうか。国家主権はもはや二十一世紀にそぐわない時代遅れの概念になっているのではないか。主権とは、地球の一部特定地域を領土として囲い、独立して国家統治を行うために必要な条件を定め、一六四八年に西欧の国々がウェストファリア条約において、互いに承認した歴史上の一時の概念でしかない。

これにより西欧諸国は互いに侵すことなく、侵されることのない最高の絶対権として、国家そのものの安全をはかってきた。そして、その安全が世界平和に貢献するものと考えられてきたのである。しかしそのような基本概念をもつ国家が、三百五十年を経た今日、二十一世紀のグローバル化した時代を迎える時点において、世界平和維持の役割を果たすことは既に不可能になっているといえよう。

二十世紀後半、第二次大戦の敗戦国ドイツ・イタリア・日本の旧枢軸国は平和国家に変革した。特に日本は原爆や大空襲などによる非人道的な洗礼を受け、国内唯一の地上戦となった沖縄では火焔放射による避難壕の焼き払いまでが行われた。その後米国の草案による平和憲法により、世界唯一の「平和愛好国」に仕立てられた。そして国際連合は、世界平和のために第二次大戦の戦勝国たる連合国によって創設された最高の平和的国際機構となった。しかしその国連憲章に反して、戦勝国たる五大国をはじめほとんどの国々が、力の均衡を理由にかえって「戦争容認国」と化している。

そして、地域や国家間において紛争が起きれば、いったんは平和的解決の手段を講ずるが、相手国が弱いと見れば、躊躇することなく武力に訴えるなど、しばしば世界平和を混乱させ、罪のない一般住民を巻き込んで脅威に陥れている。弱肉強食は動物の世界である。万物の霊長たる人間の社会がこのように荒んでいるのはなぜか。第二次大戦の敗戦国は前述したとおり敗戦を反省し、平和愛好国となって軍備を自粛しているが、戦勝国の連合国は戦争容認国となって、平和最高機関としての国連を離れて単独行動をするなど、しばしば相互依存の美名の下に国家エゴの追求に奔走しているためではなかろうか。

アメリカの政治的エリートの一人であったレーガン元大統領は、旧ソ連邦を悪魔の国と罵り、東西対決のボルテージを極度に上げていたが、それに反発するかのような、冷戦構造を終結させたゴルバチョフ元ソ連邦書記長(後の大統領)のペレストロイカへの変身振りは、まさに神技に近い所業であり、その心(魂)は悟りの境地に達していたように見えた。人間は誰でも仏になり得ると釈迦が説いているとおり、世界の国々の政治的エリート達が、魂の存在や霊、霊界の存在を共通理解として、自国の繁栄のみにこだわることなく、世界の人々の繁栄や人権を平等に扱うことができるならば、国家エゴや民族エゴに基づく今日の宗教紛争、民族紛争、地域紛争あるいは国家間紛争(戦争)はこの地上に起こり得ないはずである。

しかし、現在の世界各国の政治的エリートに、すぐにこのような変革を期待することはむずかしいことは第一部において述べたとおりである。少なくとも第二部において模索してきた世界的な共通の死生観が世界各国に普及し、新しい人生観、世界観に基づいた政治的エリートの選出を待たなければならないであろう。国家制度(ステイト・システム)まで進んできた国際社会で百尺竿頭一歩を進め、世界連邦の創設へと進展させることは、政治的エリートの意思と能力によるものであり、それは究極の使命であろう。毎年行われている世界列強の首脳会議(サミット)も、地球の危機を救うためには、世界統合を主要テーマとして論議を重ねるべきではないだろうか。

かつて、八紘一宇の理想をかかげて東洋の守護者となり、世界に雄飛せんとした大日本帝国が、無敵陸軍、無敵艦隊を育成するため、心して軍を鍛え上げたが、アメリカ軍の物量の前に屈服した。太平洋戦争は心と物との戦いともいわれたが、日本の政治的エリートらの心は大東亜戦争へ突入する頃から悪魔の心に変わっていき、したがって神風も吹くことなく、敗戦へと追い込まれたのではないか。しかし、敗戦の代償として日本は平和憲法という尊い宝物を与えられ、むしろ神国へと再生したのかもしれない。

一方、戦勝国としての連合国は、戦争に凝りて国際連合を創設、恒久平和を期したのであるが、戦勝国の政治的エリート達の傲慢の心が疑心暗鬼の心を増大し、ついに東西対峙の軍拡競争となったのではないか。冷戦を引き起こして長く膠着状態となったが、人間の自由への渇望を閉ざし、経済力を弱めたソ連邦が先に敗退した。第二次大戦後、米国は長い間の外交政策であったモンロー主義(相互不干渉の原則)をかなぐりすてて、力の外交を選択し、ソ連邦と敵対した。悪魔ともいわれたソ連邦の崩壊後、米国は力の政治をいよいよ遺憾なく発揮し、世界制覇という国家エゴのため、強引な外交、軍備を展開してきたといえば過言であろうか。少なくとも、一国支配の実態となった現在の国際社会を維持することに、死力を尽くしているかに見受けられる。世界の警察官を自称する米軍と世界の基軸通貨であるドル、そしてそれらのパワーに起因するG8や世界銀行などにおける支配力が、今後どこまで維持できるのか、ここは意見の分かれるところである。

さて、現界(この世)と霊界(あの世)は表裏一体で、コインの裏表のようなものといわれている。悪、欲、疑い、傲慢さを認めない霊界の支配力は強く、現界の現象に大いに影響を与えているという。驕る平家は久しからずとの諺もあるが、国家エゴもその傲慢さの度が過ぎると、やがて神霊から見放されてしまうのであろう。歴史は繰り返すというが、個人や団体、地域や国家もそのエゴの度が過ぎると神霊に見放され、絶えず栄枯盛衰を繰り返すことになるであろう。

魂(心・霊)や霊界を前提に新たな宗教的な共通の価値観を構築するとともに、既存の宗教がそれぞれの「善」の観念でその教義や教典などとの整合性を図る努力をすれば、悪、欲、疑い、傲慢さというこの世の肉体的・物質的なエゴは緩和され、人々の心は新しい人生観、世界観へと自ら変革し、個人の肉体的・物質的エゴをはじめ、団体エゴ、民族エゴ、国家エゴ等も緩和される。したがって、各国の政治的エリートの意思と能力もまた、これまでの国家エゴから一視同仁の共存共栄の意思とそれを実現することのできるものへと変革するであろう。このように変革した政治的エリートの意思と能力によって、一連の統合現象は完結し、超国家組織としての世界連邦政府が実現するのである。

四　世界連邦政府の機構とその到達方法

このように、政治的エリートの意思と能力が変革すれば、グローバル化した今日の国際政治においては、もはや内政外交ともに、かたくなにナショナリズムを政策の原動力とすることは不可能である。ただし、政治的エリートがこのことを十分承知しているとしても、やはり国家主権の権威と魅力については忘れることができないかもしれない。第一部で検討した世界政府運動においては、国家主権の一部譲渡あるいは一部制限について唱えられたが、主権の一部といえども積極的にそれを放棄することは、各国の為政者にしてみれば堪えられないことであろう。

そこで、国家主権の一部譲渡あるいは放棄については、何ら論ずることなく、世界連邦政府の権限についてのみ、世界連邦憲法において規定することが良かろう。そして、世界連邦憲法と構成単位国としての各国の憲法とが抵触する場合にのみ、世界連邦憲法が優先することを消極的に規定するのである。そうすれば、世界連邦憲法採択への抵抗は減少するであろう。そして、世界連邦憲法には三権分立制度を採用し、同憲法の最終的解釈権を世界連邦の最高裁判所に付与することとする。

世界連邦政府樹立の主たる目的は、前述のとおり、世界から核の恐怖をはじめ戦争および戦争の脅威をなくし、人口と環境の問題から地球の危機を救い、真の恒久平和を実現することにあるから、世界政府の規模は最小限論よりは大きく、最大限論よりは小さい中間的な、いわゆるミーディアリズム(Medialism)を採用する。しかもチープ・ガバメントを志向し、特に治安維持のための警察権、国際信用保証のための貨幣発行権、各単位国間の経済的その他の紛争ならびに環境保護のための調整権等についてのみ確保することによって発足する。不備の点は逐次、世界連邦議会の制定する法により是正、拡張すればよい。この理論については、水木惣太郎氏の『世界政府と憲法』(1974)に詳しい。

水木氏によれば、最小限論とは、世界政府の権限を戦争防止に直接必要な範囲に限定し、他はすべて構成単位国の権限に留保しようとするものである。これに対し最大限論とは、戦争防止はもとより、立法、司法、行政の権限のみならず、従来構成国の国際問題とされている幅広い事項も世界政府の権限にしようとするものである。戦争を防止し、さらに新たに起きてきた地球の危機を救うには、戦争の起きる原因や環境破壊の原因をも除かなければならない。そのためには最小限論では不十分で、戦争の原因や環境破壊の原因を除去するための関連事項にまで権限を必然的に広げることになろう。ただ、最大限論は、世界連邦政府の理想的な構想を描いたようで望ましいかもしれないが、ナショナリズムの国際政治からの移行過程としては、そのような権限に対してはむしろ拒否反応を起こし、進展しなくなる恐れがある。

以上は、世界連邦政府への到達を可能とするための機構として提唱されたものの概要である。また到達方法あるいは国際世論喚起の手段についても、第一回モントルー大会以来きわめて遠大なる構想の下に、周到かつ広範囲にわたって企画立案されており、国際世論を喚起したことの功績は当時の国際情勢に照らして誠に絶賛に値するものといえよう。

しかし、西ヨーロッパの連邦化を第一歩とした当時の世界政府運動において、具体的にはどの程度の活動が行われたか、資料が不十分であり著者には明らかでない。とはいえ、第二回ルクセンブルグ大会において、世界憲法草案採択のために人民会議を招集する、人民代表の選任または選挙は各国において多くの人民参加の下に行うなどの決議がなされている。少なくともこれら一連の運動は、その任務は民間団体としての世界政府運動にとってはあまりにも重く、その実現は百年河清を俟つようなものではなかっただろうか。したがって、世界政府運動による国際世論の喚起にもかかわらず、依然としてナショナリズムの政治的エリートの意思と能力に影響を与えることはできなかったのである。

しかし、第二次大戦から半世紀余も過ぎた今日においては、ＥＵやＡＳＥＡＮ、ＮＡＦＴＡなどの地域統合や地域連合をはじめ、国際社会の各分野では弱い統合現象が確実に進展している。したがって、国際連合においても統合現象に関する研究をゆるがせにはできない。

国連憲章第一条の「目的」には世界平和の強化が強調されており、とくに第二項後段には「世界平和を強化するために他の適当な措置をとること」と規定されている。現在の国際紛争の平和的解決のみならず、未来の国際平和の飛躍的発展のために、国家間の相互依存関係を実質的な協調関係として、共存共栄の状態へと移行させるための積極的な研究が、いま要請されているのである。

国家間の相互依存関係をよりいっそう進展させることは、現行の最大の世界的平和機構である国連総会、安保理、事務総長、あるいは国連専門機関の職分ではなかろうか。もしそのような解釈が認められないにしても、国連は国際世論や非政府組織(NGO)団体、特に世界政府運動団体の要求に対する処理方法として、統合現象に関する研究を怠ってはならないであろう。

元国連大使の斉藤鎮男は『国際連合論序説』(1979)で「世界政府を希望するこの声に対し、国際連合は何をなすべきか。世界国家論争がいかに非現実的に聞こえ、いかに縁遠いように思えても、国際連合はその声に常に耳を傾けなければならない。何故ならば、それは全人類の究極の目的であり、そして恒久平和追求の史実は、その声が現実をこの目的に向かって一歩一歩押し進めていることを証明しているからである」と述べている。

世界政府運動の関係団体は、従来どおり自らの運動によって世界連邦政府樹立の国際世論を高める手段を講じるとともに、国連に対し絶えず陳情を続ければ、第二部において模索した世界共通の思想的基盤の普及とともに、世界各国の国民意識が変革し、各国の政治的エリートの意思と能力もやがて変革し、諸国家の相互依存関係から共存共栄の関係へと進展し、公正なる第三の上位機関を必要とする世論もいよいよ高まることであろう。

遠からず諸国家の政治的エリートが一堂に会する場、すなわち国連総会において、世界統合への決議がなれ、世界連邦政府が出現するであろう。国連憲章による改正手続きは、ナショナリズムの国際社会を基礎とするものであるが、国連の構成メンバーの世論が世界統合に向かえば、国連憲章の改正手続きによって、世界連邦政府樹立のための世界統合への諸手続きを行うことは可能であり、それがもっとも実効性のある到達方法であろう。

むすび

振り返れば第二次大戦後の世界の国の数は約六〇であったが、次々と独立して、現在では三倍余の一九三になっている。国の増加や地域統合によって、相互依存の深化、複雑化、多様化が起こり、科学技術や交通などの止まるところのない発達によって世界も狭くなったものである。特にグローバルな経済システムや産業の高度化によって国々の相互依存関係はいっそう密になり、国連の専門機関をはじめ、多国籍企業やNGOなどの民間団体の国境を超えたグローバルな活動も盛んとなっている。また、最近ではインターネットに代表されるIT(情報技術)による情報交換も急激に高度化している。その中でも、資源エネルギー問題、人口および食糧問題、環境問題などをはじめ、地球的規模でなければ解決できない問題が余りにも多くなった。

これらの動向は、たとえばTTPのように自由貿易による分業体制化の方向で国家間の協調行動を促進するなど、国際社会は統合現象の方向に進んでいる。EUの地域統合をはじめ、ASEAN、NAFTA、OAU(アフリカ統一機構)などのような地域主義による地域連合もその現われといえよう。

しかし地域統合や地域連合は、域内に対してはその安全と平和を確保するためのメリットを持つものの、域外に対してはむしろ拡大ナショナリズムの形をとり、前述のとおり、構造的暴力を生むものと指摘されている。ECの統合をモデルに研究された地域統合理論は、現在失速状態にあるといわれるが、この状況を打開するためには、世界統合理論を構築するよりほかに方法はないであろう。なぜなら、統合理論の二つの重要な条件は、平和志向性と超国家性にあったが、地域統合理論で超国家性へ移行できる可能性はきわめて小さい。それが仮に実現したとしても、世界の恒久平和という平和志向性には必ずしもつながらない。やはり、世界を統合することによってはじめて、超国家性と平和志向性の満足が得られるのだという結論に達したのである。

世界統合理論を構築するとはいっても、それは地域統合理論の成果を基礎にその地域的な特性を除いた上、各アプローチを活用して編み出したものである。すなわち、交流主義(多元主義)、伝統的機能主義および新機能主義の各アプローチは、弱い統合現象に、連邦主義アプローチは強い統合現象に、それぞれ焦点をあてたもので、一連の統合現象はこれらの各アプローチを総合的に、あるいはそれぞれ補完的に活用して統合理論を形成する。また視点を変えれば、前者が、統合現象の底辺における広い現象を考察しているのに対し、後者は、超国家性への移行後の状態を想定したアプローチである。

そして、超国家性へ移行させるには、弱い統合現象の進行過程において、適当な時期に、政治的エリートの意思と能力によって、ある種のインパクト(打撃)を与えることが必要であり、これによって統合現象が完結の方向へ進んでいくものと考えてきた。そして、第二部で述べたとおり、既存の宗教を見直し、既存宗教の統合ではなく、世界の宗教に共通と考えられる「天地創造の神」や「魂」の概念による共有可能な思想的基盤を構築し、その新しい人生観、新しい世界観を国際理解のための共通認識として培えば、これまでの国家エゴを和らげ、現在の国際社会の相互依存関係から人類の共存共栄の関係へと、政治的エリートの意思と能力も変革するであろう。

インパクトを与える適当な時期をとらえるには、一般的な世論調査を始めとする各種の方法を活用することも必要であろう。しかし今日、戦争の恐怖もさることながら環境の汚染、破壊による地球の危機が目前に迫っており、強い統合現象へ移行すべき時期は既に熟し切っているといえよう。

国家主義の跋扈する国際社会においては、国家主権は伝家の宝刀として大事に保持されてきた。しかし世界が一つの連邦国家ということになれば、国家主権をかざす場所はほとんどなくなり、それに代えて、世界連邦政府の憲法と法律が前面に登場してくることになろう。そして、世界連邦憲法には、第二部において模索した世界共有の思想基盤による「政教両輪」の黄金規定の明記を忘れてはならないだろう。

世界連邦政府実現のためには、民間団体による世論喚起も重要なことである。世論が高まれば、政治的エリートの認識も変化し、主権に対する概念も変化する。しかし、さらに重要なことは、グローバリゼイションとともに進んでいる今日の相互依存関係もまた統合現象の一環であることの認識の下に、統合に関する研究を進め、その流れがさらに進展するように努力すべき大いなる使命が国連にある、との結論である。

今は協調の時代になりつつあるから、相互依存によって現状のままで世界統合は必要ないとの考え方もある。しかし、協調の時代へと進展しつつあるからこそ、実質的な相互依存関係の一層の深化をはかり、強い統合現象へと進展させるための方策を講ずることができる。そして、前述したとおり、政治的エリートの意思と能力の変革によって、統合現象を一気に超国家性へと移行進展させ、国連よりも、はるかに強固な世界的組織による新秩序樹立への好機を逸してはならないのである。

アメリカは、これまで日本の安全保障への負担増を要求し続けているが、日本はついに日米安保条約による守備範囲を周辺国へと拡大し、その後方支援のため、民間の軍事協力を規定する日米新ガイドラインの取りきめに応じた。まさに第二次大戦へ日本が突入した直前の国家総動員体制の様相を呈しはじめているとも言えよう。アメリカの軍事戦略は力の均衡を保つためだろうか。軍備競争に明け暮れている世界の軍事情勢を見ると、日本はいつまでも安閑としてはいられない。日本の選ぶべき道は軍拡ではなく世界統合への道であると考える。戦後の日本は平和憲法の下に経済大国となったが、行く手は不透明である。これからの日本は、国際情勢の変化による近視眼的な現実対応論にもめげず、あくまでも平和愛好国として世界平和のために率先垂範すべきであろう。

途上国においては、日常生活にさえ事欠き、飢えに苦しんでいる人々も多い。これらの人々を救援し、あるいは相互に協力し合い、共存共栄へ導くことこそが、平和愛好国日本の使命である。日本国憲法第九条には、戦争放棄、軍備および交戦権の否認について規定されており、第九九条には憲法尊重擁護の義務も明記されている。一九九九年五月、オランダのハーグで開かれた「国際平和市民会議」においては、「二十一世紀の平和と正義のための課題」として日本国憲法第九条を手本に各国が戦争の禁止決議を行うことを採択された。日本はいまさら軍備拡充競争に巻き込まれるべきではなく、むしろ全世界の人々に対し、平和原理としての日本国憲法を声高らかに推奨し、世界の主要国に対しては力の均衡政策を否定すべきである。各国の政治的エリートに働きかけて一つの世界、「地球丸」を安全に運航するための方策として世界統合による世界連邦政府の樹立を叫び、その実現に努力することこそ、国際社会における日本の重要な役割ではなかろうか。

これまでの膨大な軍事費の多くは、人類財産を循環型経済の埒外に廃棄していたといえようが、世界連邦政府が樹立された場合、それを第三世界の経済や社会福祉面あるいは宇宙開発に利用するとともに、世界経済の活性化へつなげられるであろう。これまでの軍事力を背景とした恐怖の外交、疑心暗鬼の外交政策は消え去って、比較的本音の政治が行われ、したがって世界の人々の心もさわやかになって、平和で明るい、エゴの緩和された住み良い社会へと変わっていくであろう。世界連邦政府の出現についての悲観論者は、ナショナリズムを絶対的なものとし、それを前提とした理論に基づいている。政治は離合集散の世界であり、前述したような世界共通の新しい人生観・世界観によれば大きな変化が期待される。

現在も、世界の国々では自由と平等を求める民族的活動が活発である。また、政治体制の変更や民主化、独立を要求して蜂起する集団も後を絶たない。モザイク的国家の不安定要素が増えている。そのような問題を解決するためにも、より上位の機関が必要となるだろう。

弱い統合現象が盛んに起こり、世論の方向がシュープラ・ナショナリズム（超国家主義）を目指すと、世界の政治的エリートもそれに従わざるを得ないのである。文明開化からいまだ十分な時間を経過していなかった時代に出現したナショナリズムは、今日のグローバル化した時代の人々の要求を十分に満たすことができないのである。超国家主義に対抗するのはもはや国家主権ではなく、権力を行使し得る地位にある少数の個々人のエゴにすぎないといえよう。いずれの国においても、このような地位にある特定のものが、自由と平等を求める世論を何時までも牛耳ることは不可能となるであろう。地球上の永遠の平和のため、人類の未来永劫の繁栄のため、このようなエゴは早急にかなぐり捨てて、悠久の大義に生きるべく、いち早く善後策を講ずることが先見の明というものであろう。

これまではヘゲモニー国家が、世界的に処理すべき問題を率先して解決してきたといわれている。ソ連が解体して、アメリカは世界の警察官を自認してきたが、旧ソ連の解体と共に、世界各地において民族紛争や宗教的紛争などが頻発した。アメリカの首脳は、それらの紛争解決のために東奔西走したが、事態は沈静化するどころか、かえって増加し、国際紛争はその後の九・一一に代表される「テロとの争い」にまで連鎖しているのではなかろうか。ヘゲモニー理論からすれば、このような場合、次のヘゲモニー国家の出現を必要とするのであるが、アメリカに代わって、新たな覇権国家として単独で世界の秩序を堅守し得る国は見当たらない。

ロバート・コヘイン（Robert Owen Keohane 1941- アメリカ）はこの課題に対して、一種の共同システムを確立し、今までアメリカが果たしてきた覇権国家的な秩序維持の役割を集団的に果たさなければならないと述べている。また、猪口邦子はその著『ポスト覇権システムと日本の選択』において、コンソーシアム・システム（Consortium System ＝共同管理システム）による一種の集団指導体制を主張している。いずれの主張も過渡期の便宜的手段としては好ましいが、持久性は認めにくい。このような時期において、世界連邦政府が誕生すれば、新しいヘゲモニー国家が出現したことと同じ効果が生じる。戦争の防止・廃絶をはじめ、貿易摩擦、資源の乱開発や大量生産・消費、人口と食糧、特に急を要する環境の汚染・破壊等、世界的規模で解決すべき問題は全て世界連邦政府が調整し、指導し、平和的に解決することができる。したがって、世界政府運動においても、地域統合や地域主義に拘泥することなく、直接に世界統合を提唱し、世界連邦政府の実現をはかるべきであろう。

アメリカでは一九九〇年代末に、イランのシャハブ3や北朝鮮のテポドン1など長射程の弾道ミサイルに対する懸念が高まり、米全土ミサイル防衛(NMD)について論議が沸騰したが、このプロジェクトこそ自国および自国民のみを核の恐怖から保護せんとする国家エゴの最たるものであった。また、二〇〇〇年には先進八ヵ国とEUだけの会議体であるG8サミットが沖縄で開催された。沖縄の地に集った首脳たる政治的エリート達が、世界から戦争をなくし、地球の危機を救うべく世界統合への意向を話題にされ調整されんことを期待したが、その翌年に全世界をさらに深い混迷に陥れたのが、かの米国同時多発テロ事件であった。そしてわが沖縄の基地問題も、その解決は未だ五里霧中のままである。

かつて、国連において旧ソ連が安全保障理事会をボイコットし、アメリカが中心となって「平和のための結集」を決議したとき、ネール(R. J. Nehru 1889-1964 インド)はこれを、世界を戦争に導くものとして嘆いたといわれているが、今や国際社会は、二十一世紀を迎えて、全人類参加による平和を追求すべき時である。また、多くの民族と宗教を包含しつつ急速に経済発展をしつつある大国、中国が二十一世紀に果たす役割と責任は極めて大きいと言えよう。

この改訂版の編集作業を進めていた二〇一一年の春、日本では東日本大震災が発生し、巨大な津波の被害が特に甚大で、多くの尊い命が失われた。またこの影響で福島第一原子力発電所が深刻な事故を起こし、その影響は地域の住民はもとより日本全体に今後長期間にわたって苦難を強いることになる。世界に目を通せば、アフリカ・中東各国の民主化運動による政変と国際テロリストの首謀者と目されていたビン・ラディンが米国の軍事作戦により殺害された。これら全ての出来事は世界のどこで生じたものであれ、全ての国に政治・経済・環境を始め何らかの影響を及ぼしている。我々は一国のみの繁栄、一地域のみの繁栄だけを求めることが無意味な時代を既に生きているのである。

新たな世界的思想基盤構築の下に人生観・国家観・世界観さらには宇宙観までを一新した国際社会で、国連における「世界統合への決議」を実行に移せば、人類共通の理解としての科学と宗教を両輪とする世界連邦政府の創設となって、戦争をなくし、地球の危機を救い、真の恒久平和をこの地球上に招来するであろうと確信する。その日の一日も早からんことを切に願うものである。

参考文献

本書は著者が二〇〇一年九月に上梓した『世界統合論』(文芸社)を底本としている。今回その内容を広く一般にご理解頂くために表現を大幅に書き変え、またその後の世界情勢に鑑みて筆を加えたことは、巻頭に述べたとおりである。従って、前著の引用文献の内容を孫引きした部分、および要約を施した部分が少なくない。主な引用部については本文中に明記したが、その他にも前著は多くの文献を参考とさせて頂いている。そこで、その文献名をここに改めて列記して著者各位に感謝を申し上げる。またこの一覧が、本書の論拠をより深く知ろうとする読者の便ともなれば、一層の幸いである。(引用・参考の頁については前著を参照されたい。)

序論

「強化されるぼう大な軍事基地」安仁屋政昭・他　『沖縄の戦跡と軍事基地』あけぼの出版社 1985

『沖縄の米軍基地』沖縄県基地対策室編 1987

『防衛白書』防衛省編　大蔵省印刷局 1987

『ナショナリズムの理論と展開』落合忠士　成文堂 1969

「アメリカの国連政策の変遷」緒方貞子　『アメリカ外交―日米関係の文脈のなかで』細谷千博編　日本国際問題研究所 1987

『国際政治の世界』(増補改訂版)細谷千博・臼井久和編　有信堂高文社 1987

「日米関係における戦争と平和」入江昭　『国際環境の変容と日米関係』細谷千博・有賀貞編　東京大学出版会 1987

「戦争の人類学的分析」B・K・マリノフスキー(田口統吾訳)『西欧文化への招待⑲ 戦争と平和』神谷不二編　グロリア・インターナショナルINC 1972

『南北問題—開発と平和の政治経済学』斎藤優編　有斐閣 1986
『国際関係の政治経済学』川田侃　日本放送出版協会 1987
「統合理論の展開」鴨武彦　『国際政治学を学ぶ—危機状況打開のための現代国際政治理論のシナリオ』関寛治編　有斐閣 1986
「国家と政治—国際主義から世界国家へ」高田保馬『改造三一』(三)」
「世界連邦と現代国家」田畑茂二郎　『理想』二一四号
「of Blind men Elephants and International Integration」Donald J. Puchala 『Journal of Common Market Studies』1972 No.3
「世界政府論の現代的意義」田畑茂二郎　『国際政治』一号　日本国際政治学会編　有斐閣 1957
「序説 国際統合研究の現状と課題」鴨武彦　同七七号　1984
「沖縄から核廃絶を訴える」『琉球新報』社説 1981.5.2(朝刊)
「住民の不安は理解」アワー特別補佐官『琉球新報』1987.3.17(朝刊)
「沖縄基地の役割は大」瓦防衛庁長官『沖縄タイムス』1987.11.10(朝刊)

第一部

「核時代から世界連邦時代へ」湯川秀樹　『世界連邦運動二十年史』世界連邦建設同盟編 1969
『世界政府と憲法』水木惣太郎　有信堂、1974
『国際関係論(上)』衛藤瀋吉・渡辺昭夫・公文俊平・平野健一郎　東京大学出版会 1980
「地域経済統合とEEC—グローバリズムとの対比において」野村昭夫　『国際問題』一一八号 1970
『国際的相互依存』山本吉宣　(現代政治学叢書⑱)　東京大学出版会 1989

『国際秩序の解体と統合』川上高司　東洋経済新報社 1995
「国際統合の一研究」藤木登　『東大法学』第三号 1976
「国際統合研究におけるハースの方法(上)」南義清　『一橋研究』二六号 1976
「国際統合に関する諸学説の検討」鴨武彦　『早稲田政治経済学雑誌』二一九号 1969
「戦後の欧州統合運動」石原義盛　『国際政治』二七号　日本国際政治学会編 1964
「地域統合の研究動向」大隈弘　同四八号　日本国際政治学会編 1973
「機能的統合の理論」高柳先男　同右
「国際統合と国際秩序」深津栄一　同右
「国際統合と平和の力学─欧州共同体の行動軌跡」鴨武彦　同五五号 1976
「地域統合論再考─新たな展開を求めて」山影進　同七四号 1983
「国際政治統合とナショナル・インタレスト(一)理論と実践の試み」鴨武彦　『早稲田政治経済学雑誌』二四一号 1975
「国際地域統合の方法─ヨーロッパ共同体裁判所の役割」岡村尭　『法学論集』六巻三号　西南学院大学

第二部
『聖書 その歴史的事実』新井智　NHKブックス　日本放送出版協会 1988
『イエスと現代』八木誠一　NHKブックス　日本放送出版協会 1987
『キリストの霊言─過去の教養を超えて』善川三朗　潮文社 1989
『平和の政治学』石田雄　岩波書店 1968
『図解 世界の紛争と民族紛争』ひろさちや監修　主婦と生活社 1996

『宗教がわかる事典』大島宏之　日本実業出版社 1990
『沖縄のシャマニズム』桜井徳太郎　弘文堂 1973
『霊魂とユタの世界』又吉正治　月刊沖縄社 1987
『なぜユタを信ずるかーその実証的研究』友寄隆静　月刊沖縄社 1981
『宗教と科学の間』湯浅泰雄　名著刊行会 1993
『霊感者スウェデンボルグ』ウィルソン・ヴァン・デュセン (Wilson Van Dusen)　今村光一訳　日本教文社 1988
『人間の正体と霊界との関わり』那須聖　光言社 1996
『大霊界』シリーズ(①〜⑩、『21世紀の実在する超神霊』、『超神霊』)　隈本確　弘文出版 1985〜1990
『脳と心の正体』(The Mystery of the Mind) W・ペンフィールド　塚田裕三・山河宏共訳　法政大学出版局教養選書５８　1987
『霊界を科学する―科学と体験からみた霊界の法則』野村悔二・恵美初彦　光言社 1996
『魂の科学』(Science of Soul) スワミ・ヨーゲシヴァラナンダ　木村慧心訳、たま出版 1989
『ここまで来た「あの世」の科学』天外伺朗　祥伝社 1994
『死後の生』ジェフリー・アイパーソン　片山陽子訳　ＮＨＫ出版 1993
『霊―死後、あなたはどうなるか」宮城音弥　青春出版社 1991
『ユタと霊界の不思議な話』佐久田繁　月刊沖縄社 1992
『アラーの大警告―中東危機への衝撃の予言』大川隆法　幸福の科学出版 1991
『宗教の挑戦―ミラクルの風』大川隆法　幸福の科学出版 1992
『琉球新報』1999.5.6(夕刊)

『世界日報』［1989.10.11（社説）］［1991.8.24］［1991.9.1］［1992.4.2・3］［1992.5.15］［1993.5.9］［1999.2.7］［1999.4.18］［1999.8.8］［2000.3.26（社説）］［2000.5.28］
※国内の新聞各紙を参考としたが、本書に関係する国際政治と宗教の記事の充実を評価して『世界日報』から多くの情報を取得し、一部を引用した。

第三部

「科学の反省と宗教への期待」垣花秀武『宗教と科学Ⅰ 宗教と科学の対話』岩波書店 1995
「序論 葛藤と相補性―天と地をめぐって」西川哲治 『宗教と科学Ⅱ 歴史のなかの宗教と科学』岩波書店 1995
「歴史の教訓と未来の展望」伊東俊太郎 同右
「科学万能論に七つの大罪あり」井上茂信 『世界日報』 1998.1.3
「地球環境と企業」山口光恒 『地球環境経済論（下）』慶応義塾大学経済学部環境プロジェクト編 1995
「持続可能な発展」森田恒幸 同右
「西太平洋地域の経済発展と地球環境問題」松原隆一郎 同右
「自然保護論―環境倫理への道」瀬田信哉 同右
「循環型社会の経済学」細田衛士 同右
「炭素税と排出権市場について」山地憲治 同右
『「世界合衆国」への構想』早房長治 徳問書店 1991
『地球環境の視点に立った世直し論』愛知和男 プレジデント社 1992
『超国家政府の樹立へ―世界統一のための手引書』畠山尚熙 風涛杜 1996

『世界連邦へのプロセス』神野清　晃陽書房 1991
『未来を開く「あの世」の科学』天外伺朗　祥伝社 1997
『世界政府と憲法』水木惣太郎　有信堂 1974
『国際連合論序説』（第二版）斉藤鎮男　新有堂 1979
「宇宙兵器と世界政府」稲垣守克　『国際政治』五号　日本国際政治学会 1958
「地域統合論再考」山影進　同七四号
『琉球新報』社説 1992.6.3
『沖縄タイムス』社説 1999.9.21

むすび

「国際政治統合の理論的考察―行動主義アプローチの試み」鴨武彦　『国際政治』五〇号　有斐閣
「国際政治経済環境の変容と日米経済摩擦」佐藤英夫　『アメリカ外交』細谷千博・編　日本国際問題研究所　1986
『ポスト覇権システムと日本の選択』猪口邦子　筑摩書房　1988
「世界連邦と現代国家」田畑茂二郎　『理想』二一四号

■人名索引
（人名・初出頁、他頁）

［著者略歴］

比嘉厚夫（ひがあつお・旧名＝義雄）

一九二二（大正十一）年、現在の沖縄県名護市（旧久志村）字大浦に生まれる。沖縄県立第三中学校卒業（県知事賞）。広島高等師範学校に入学するが徴集され台湾で終戦。請われて基隆乗船地司令部兵站班露営地勤務隊長となり、沖縄出身兵（陸軍八〇〇名・海軍二〇〇名）を指揮して、日僑（日本人）四十万人を無事に送り出す。沖縄に帰還し復員解散。

その後、沖縄群島政府知事秘書官、琉球上訴裁判所総務部長などを経て、那覇家庭裁判所首席調査官の時、沖縄が日本本土に復帰。一九八〇年に退官し、那覇南ロータリークラブの会長、国際ロータリー・地区ガバナー補佐などをつとめる。六十六歳の時（一九八九年）琉球大学大学院法学研究科を修了。現在は日本舞踊岩井寿芳教習所顧問。勲四等旭日小綬章。家庭裁判所長賞。全剣連居合道教士七段・有功賞。

沖縄から提唱する世界連邦政府

二〇一一年十月三〇日
初版第一刷発行

著　者　比嘉　厚夫
発行者　宮城　正勝
発行所　㈲ボーダーインク
沖縄県那覇市与儀226-3
http://www.borderink.com
tel 098-835-2777
fax 098-835-2840

印刷所　でいご印刷

ISBN978-4-89982-215-8　C0031